특별한 음악이론

세바퀴 제2탄
스텝모험

쉬운 EASY

베스트 음악이론

7

일신서적출판사

차례

베스트 음악이론 ❼

6권 기억하기

 따라서 쓰고 빈 칸을 채워 보세요.

음표	이름	박수	리듬표
♩	음표	1박	V
♪	음표	반박	\
♩.	음표	1박반	W

쉼표	이름	박수	리듬표
𝄽	쉼표	1박쉼	V
𝄿	쉼표	반박쉼	\
𝄾.	쉼표	1박반쉼	W

○ 안에 알맞은 음표와 쉼표를 그려 보세요.

♪ + ♪ = ◯
\ / V

♩. + ♪ = ◯
W / W

♪ + ♪ + ♪ = ◯
\ / \ / W

𝄿 + 𝄿 = ◯
\ / V

𝄿 + 𝄿 + 𝄿 = ◯
\ / \ / W

𝄾. + 𝄿 = ◯
W / W

 셈여림표를 그리고, 읽기와 뜻을 따라서 써 보세요.

셈여림표	읽기	뜻
p	피아노	여리게
mp	메조피아노	조금 여리게
mf	메조포르테	조금 세게
f	포르테	세게

 박자표에 맞도록 세로줄을 그어 보세요.

계이름을 써 보세요.

계이름에 맞게 4분음표로 그려 보세요.

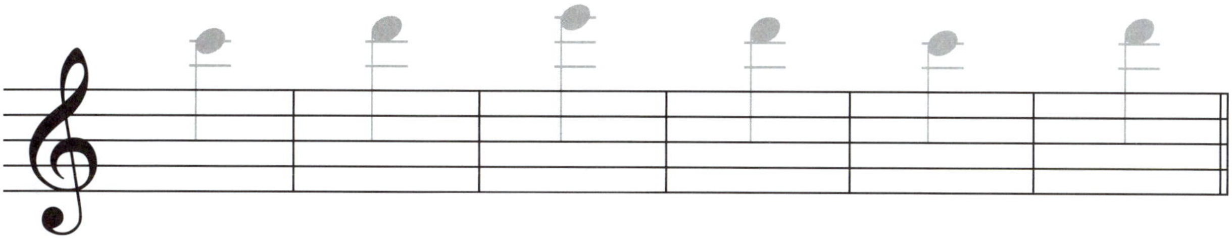

위의 위의 　도　　레　　미　　레　　도　　레

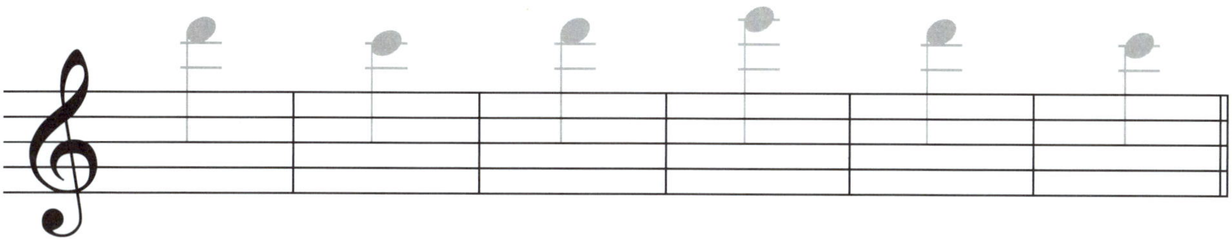

위의 위의 　레　　도　　레　　미　　레　　도

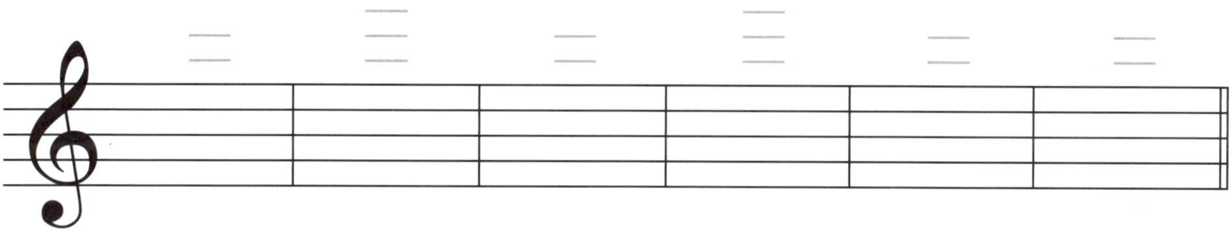

위의 위의 　레　　미　　도　　미　　레　　도

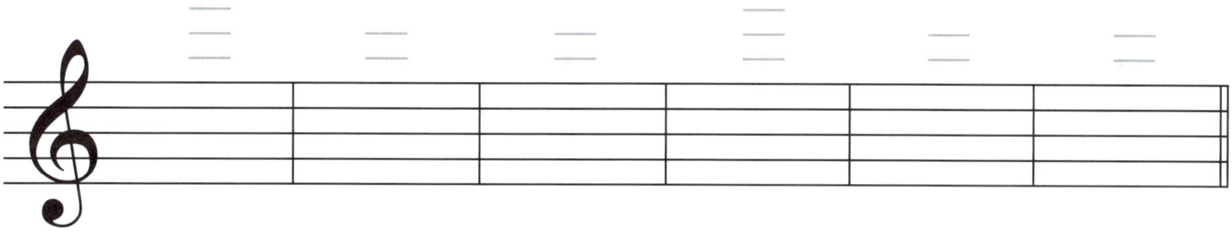

위의 위의 　미　　레　　도　　미　　도　　레

계이름을 써 보세요.

계이름에 맞게 **o** 로 그려 보세요.

아래 **솔**   **라**   **시**   **솔**   **시**   **라**

아래 **라**   **시**   **솔**   **시**   **라**   **솔**

아래 **라**   **시**   **솔**   **라**   **시**   가운데 **도**

아래 **시**   **솔**   **라**   **솔**   **라**   **시**

도돌이표를 잘 보고, 연주 순서를 써 보세요.

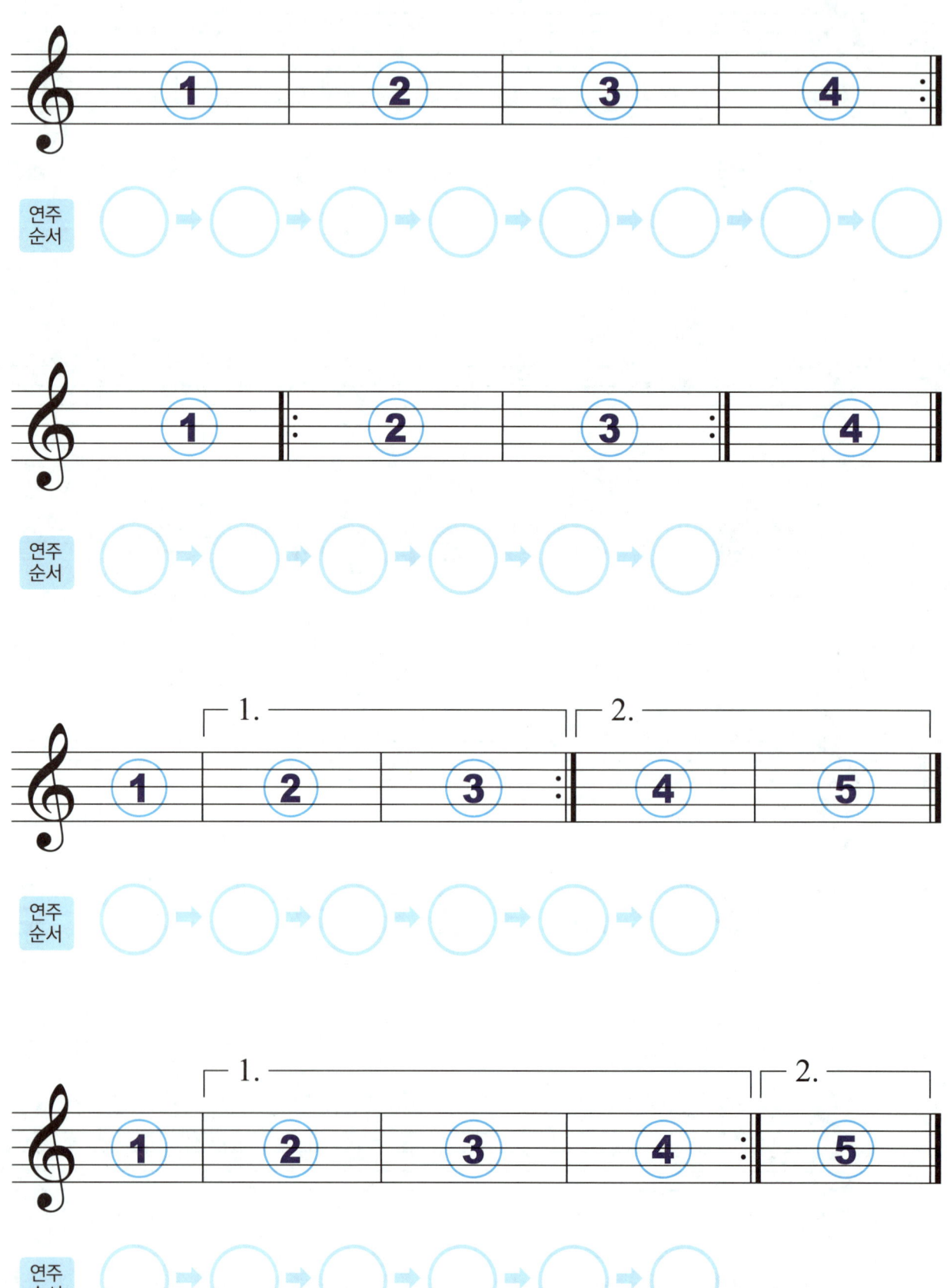

안에 알맞은 셈여림표를 그려 보세요.

$p \rightarrow mp \rightarrow$ 🌸 $\rightarrow f$ ┊ $p \rightarrow$ 🌸 $\rightarrow mf \rightarrow f$

$p \rightarrow mp \rightarrow mf \rightarrow$ 🌸 ┊ 🌸 $\rightarrow mp \rightarrow mf \rightarrow f$

$p \rightarrow$ 🌸 $\rightarrow$ 🌸 $\rightarrow f$ ┊ $p \rightarrow mp \rightarrow$ 🌸 $\rightarrow$ 🌸

 따라서 그리고, 써 보세요.

	이름	영어
	 이음줄	 슬러
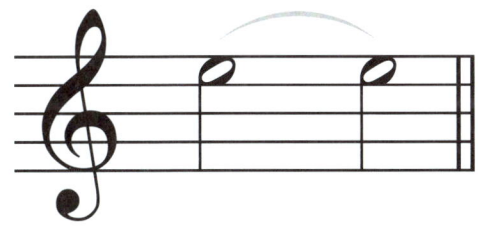	 붙임줄	 타이

아래 아래 솔 ~ 아래 솔 복습

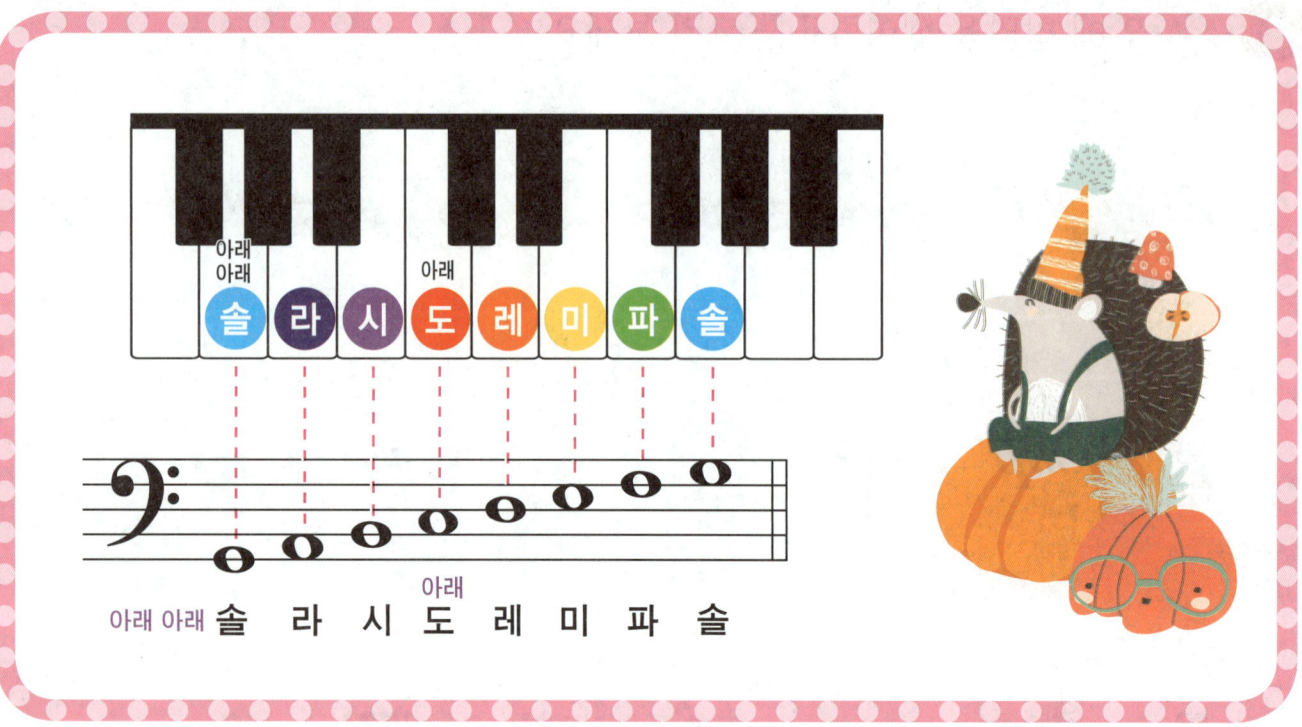

음을 따라서 그리고, 계이름을 써 보세요.

  안에 계이름을 쓰고, 맞는 건반과 줄로 이어 보세요.

계이름을 써 보세요.

안에는 계이름을, 안에는 맞는 음을 4분음표로 그려 보세요.

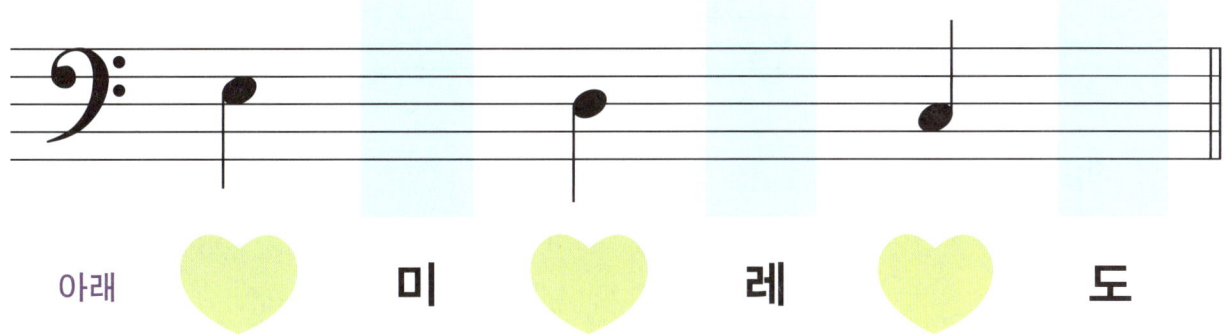

아래 아래 파

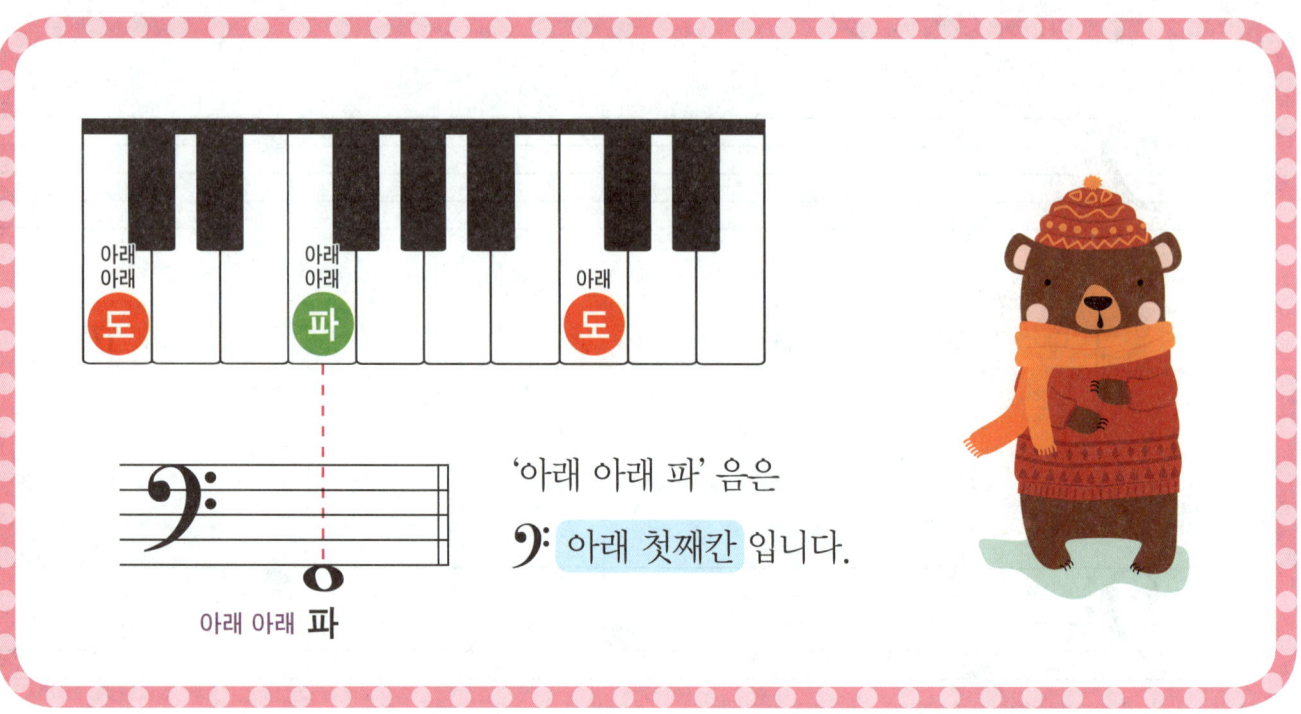

'아래 아래 파' 음은

𝄢 아래 첫째칸 입니다.

아래 아래 **파**

'아래 아래 파' 음을 따라서 그리고, ♥ 안에 '파'를 써 보세요.

아래
아래 파

'아래 아래 파' 건반을 찾아서 🖌 색으로 칠해 보세요.

아래
도

'아래 아래 파' 음을 그리고, 계이름을 써 보세요.

아래
아래 · 파

4분음표와 8분음표로 그리고, 계이름을 써 보세요.

아래
아래

아래
아래

'파'는 ⬤ , '솔'은 ⬤ , '라'는 ⬤ 로 표시해 보세요.

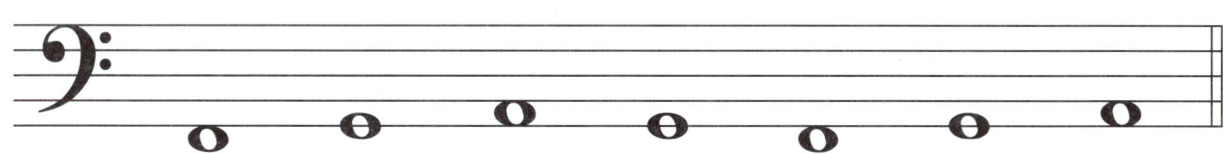

아래 아래 미

'아래 아래 미' 음은

𝄢 아래 첫째줄 입니다.

아래 아래 **미**

'아래 아래 미' 음을 따라서 그리고, 🧡 안에 '미'를 써 보세요.

아래
아래 | **미**

'아래 아래 미' 건반을 찾아서 🖍 색으로 칠해 보세요.

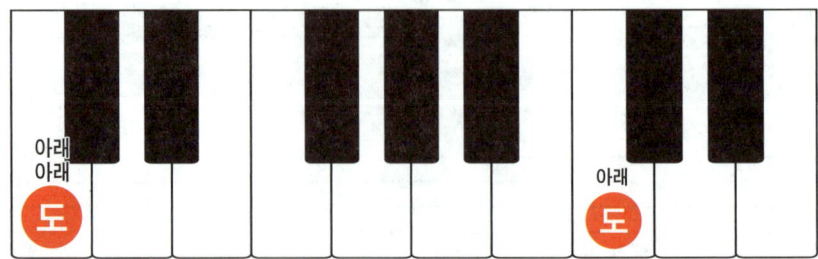

'아래 아래 미' 음을 그리고, 계이름을 써 보세요.

4분음표와 8분음표로 그리고, 계이름을 써 보세요.

'미'는 ⬤ , '파'는 ⬤ , '솔'은 ⬤ 로 표시해 보세요.

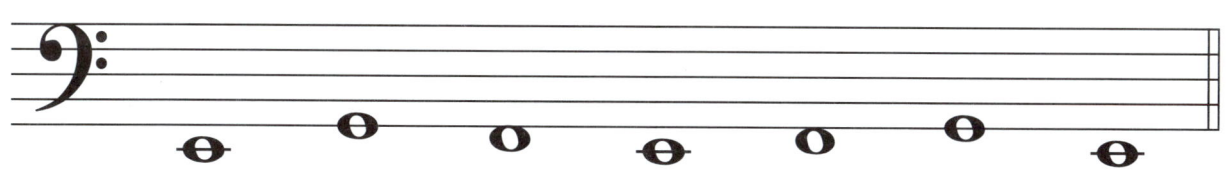

아래 아래 미, 파, 솔

아래 아래 미 파 솔

'아래 아래 미, 파, 솔' 음을 따라서 그리고, 계이름을 써 보세요.

아래
아래

'아래 아래 미'는 🟡, '아래 아래 파'는 🟢, '아래 아래 솔'은 🔵 색으로 건반에 바르게 칠해 보세요.

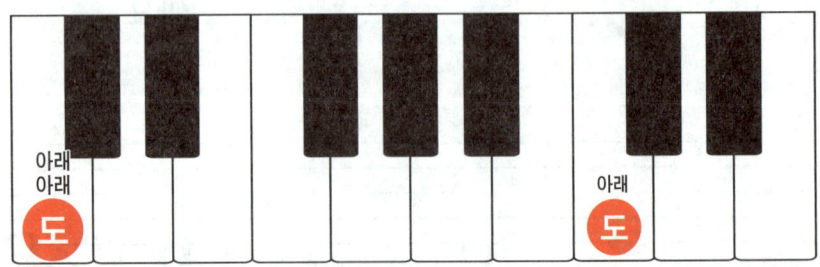

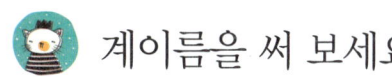 계이름을 써 보세요.

아래 아래 레

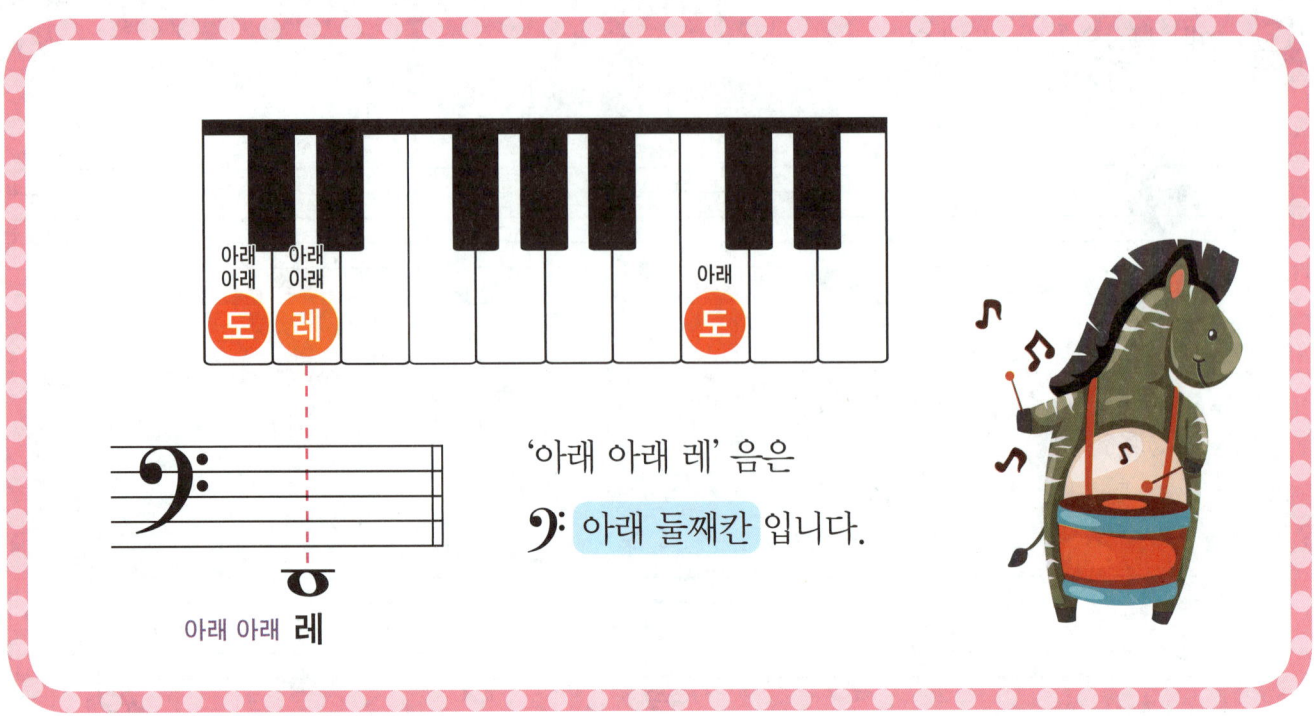

'아래 아래 레' 음은

𝄢 아래 둘째칸 입니다.

아래 아래 **레**

'아래 아래 레' 음을 따라서 그리고, 🧡 안에 '레'를 써 보세요.

아래 아래 **레**

'아래 아래 레' 건반을 찾아서 🖍 색으로 칠해 보세요.

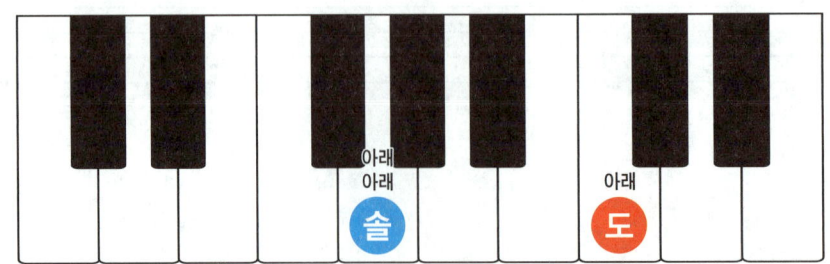

'아래 아래 레' 음을 2분음표로 그리고, 계이름을 써 보세요.

아래
아래

4분음표와 8분음표로 그리고, 계이름을 써 보세요.

아래
아래

아래
아래

'레'는 🔴 , '미'는 🟡 , '파'는 🟢 으로 표시해 보세요.

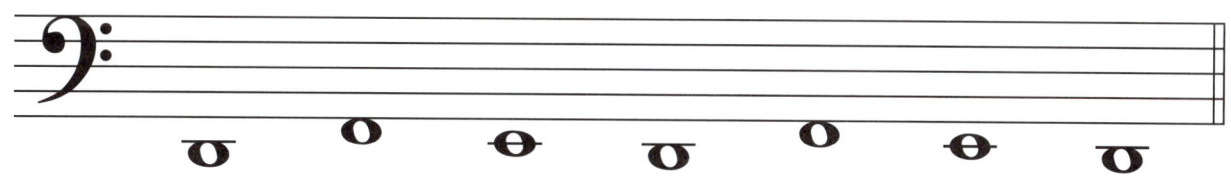

아래 아래 도

'아래 아래 도' 음은
𝄢 아래 둘째줄 입니다.

아래 아래 도

'아래 아래 도' 음을 따라서 그리고, ♥ 안에 '도'를 써 보세요.

아래
아래   도

'아래 아래 도' 건반을 찾아서 색으로 칠해 보세요.

'아래 아래 도' 음을 2분음표로 그리고, 계이름을 써 보세요.

아래
아래

4분음표와 8분음표로 그리고, 계이름을 써 보세요.

아래
아래

아래
아래

'도'는 ⭕, '레'는 ⭕, '미'는 ⭕, '파'는 ⭕ 으로 표시해 보세요.

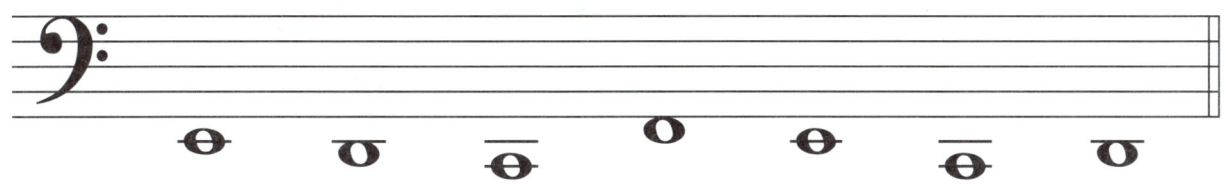

아래 아래 도~솔

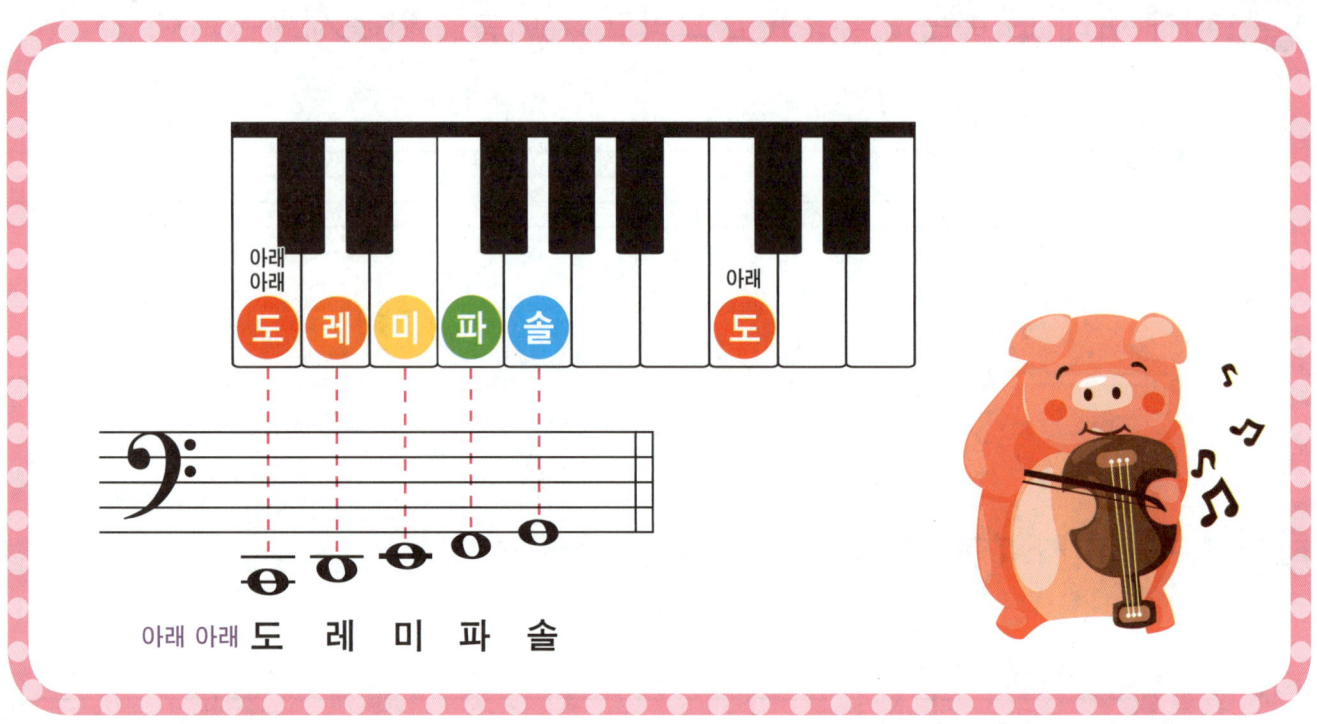

아래 아래 도 레 미 파 솔

'아래 아래 도 ~ 솔' 음을 따라서 그리고, 계이름을 써 보세요.

아래
아래

'아래 아래 도'는 ▨, '아래 아래 레'는 ▨, '아래 아래 미'는 ▨,
'아래 아래 파'는 ▨ 색으로 칠해 보세요.

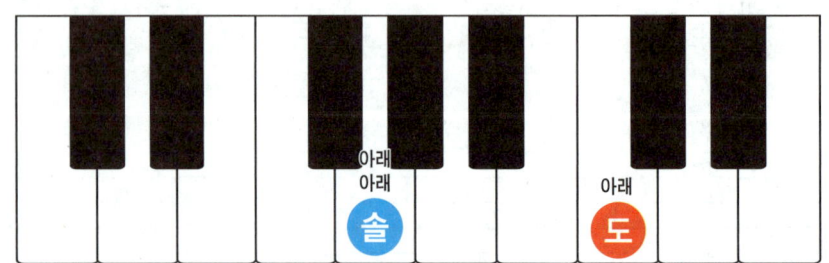

  안에 계이름을 쓰고, 맞는 건반과 줄로 이어 보세요.

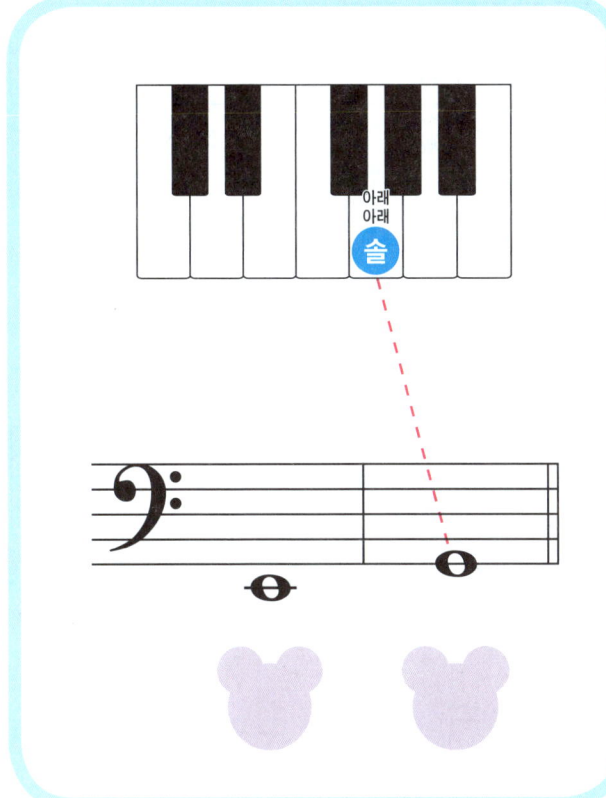

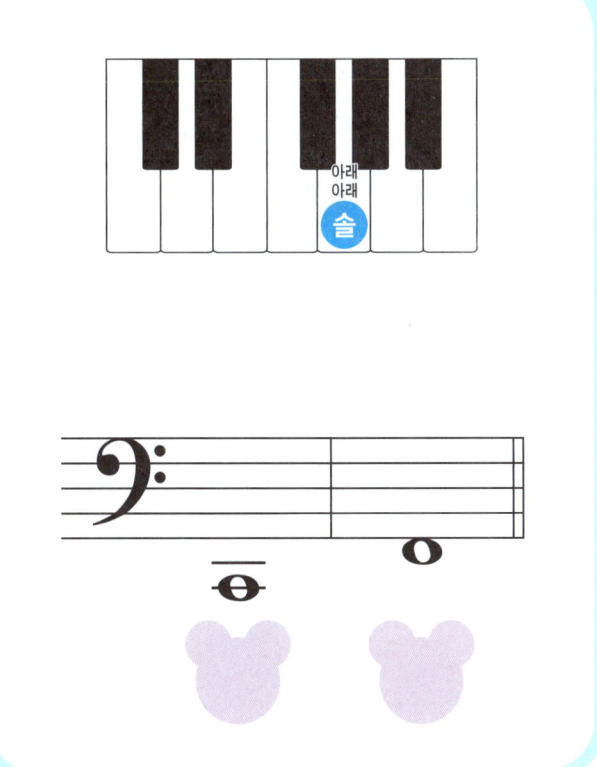

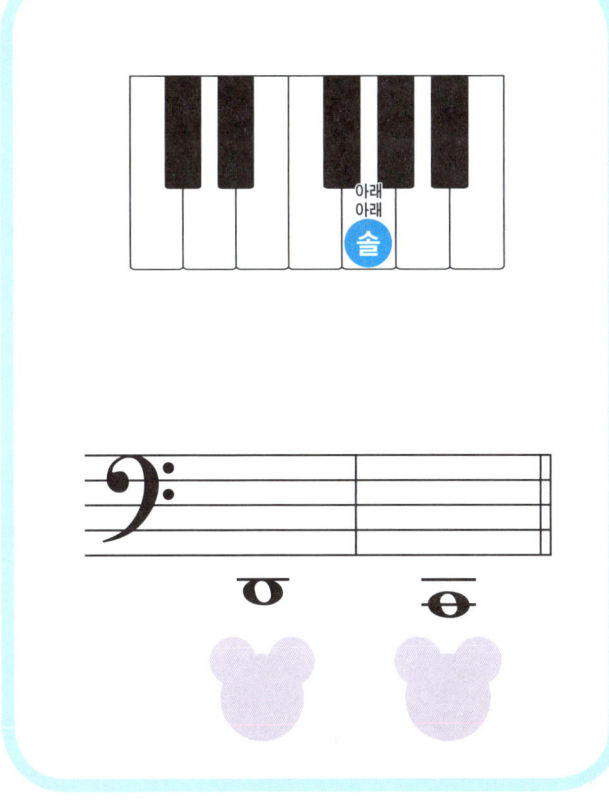

계이름을 써 보세요.

계이름에 맞게 점4분음표 ♩.로 그려 보세요.

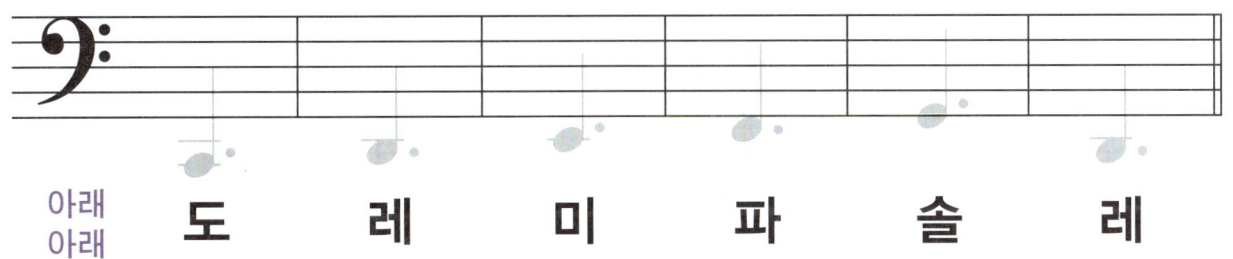

아래
아래　도　레　미　파　솔　레

아래
아래　파　미　솔　도　레　미

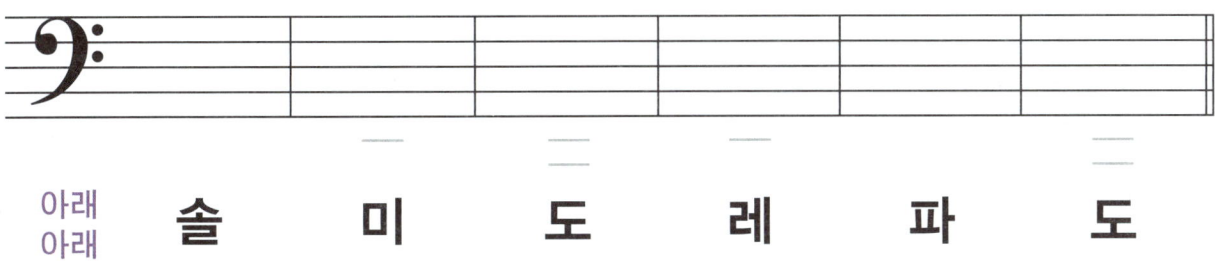

아래
아래　솔　미　도　레　파　도

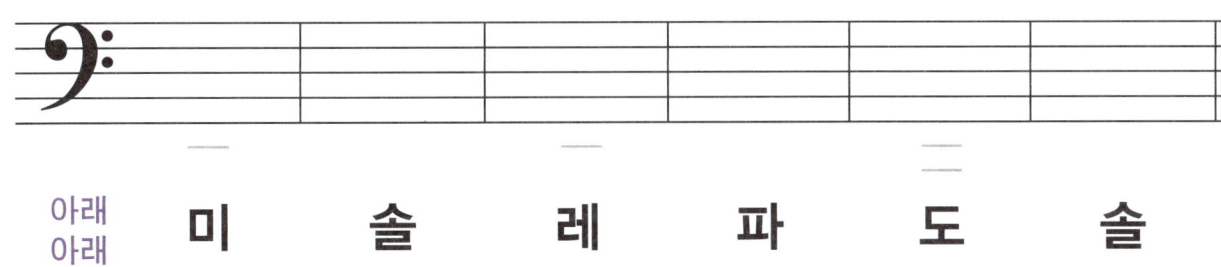

아래
아래　미　솔　레　파　도　솔

배운것 기억하기 1

 계이름을 써 보세요.

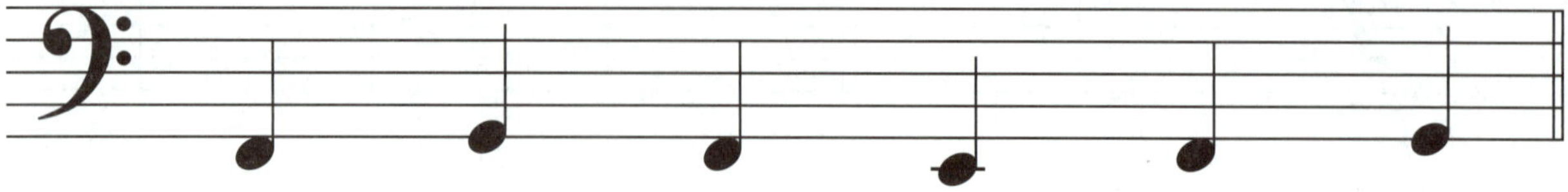

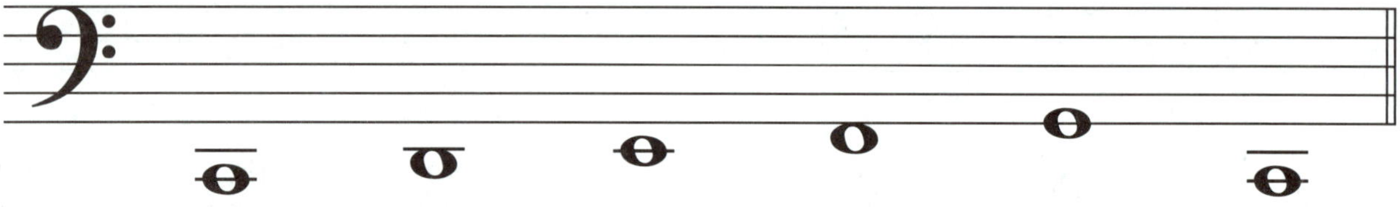

 '미'는 ◯, '파'는 ◯, '솔'은 ◯로 표시해 보세요.

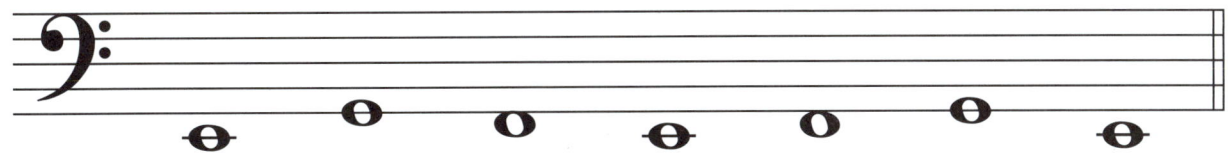

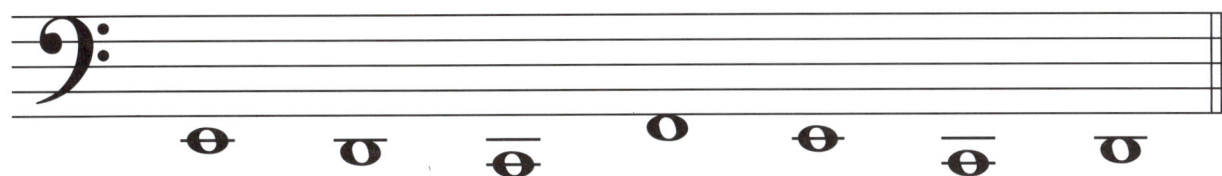 '도'는 ◯, '레'는 ◯, '미'는 ◯, '파'는 ◯으로 표시해 보세요.

◯ 안에 계이름을 쓰고, 맞는 건반과 줄로 이어 보세요.

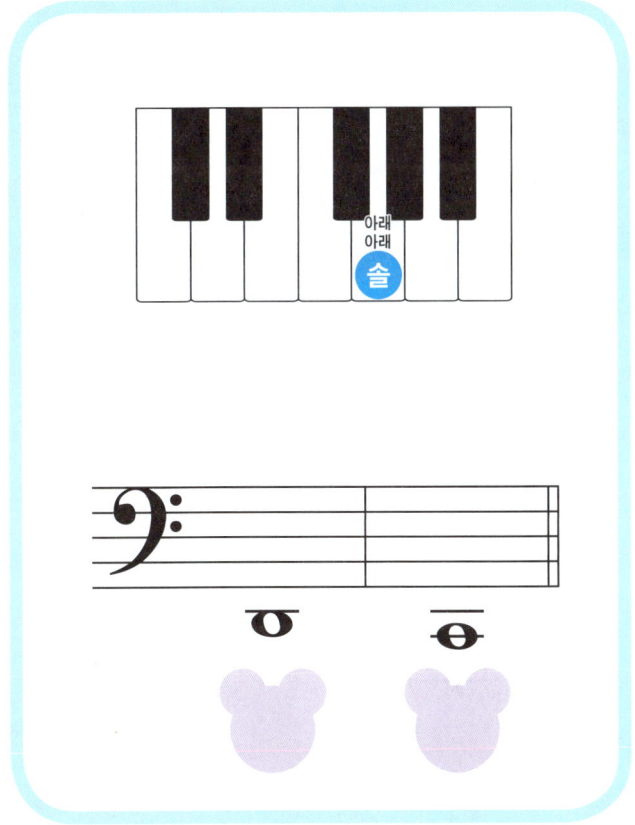

음표와 쉼표의 리듬표

🐱 ☐ 안에 알맞은 리듬표를 그려 보세요.

안에 음표와 쉼표의 길이에 맞게 리듬표를 그려 보세요.

	1	2	3	4박

안에 알맞은 리듬표를 그려 보세요.

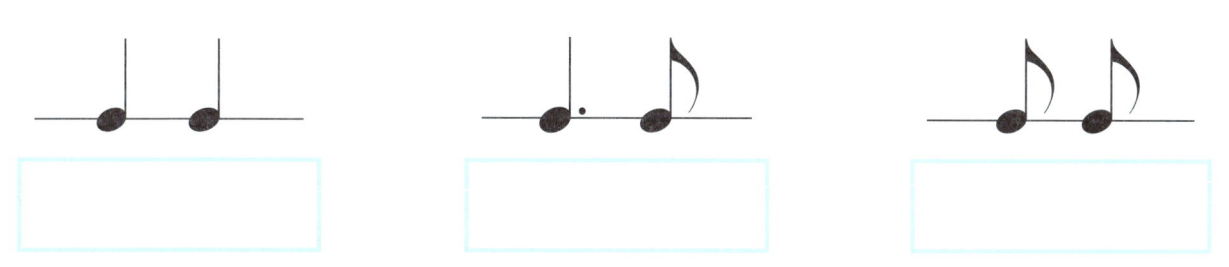

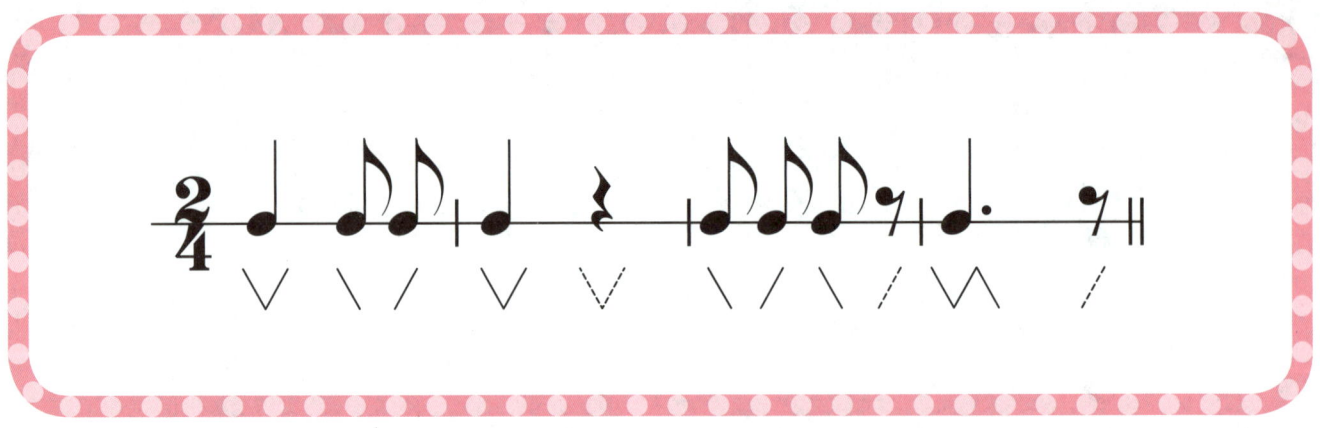

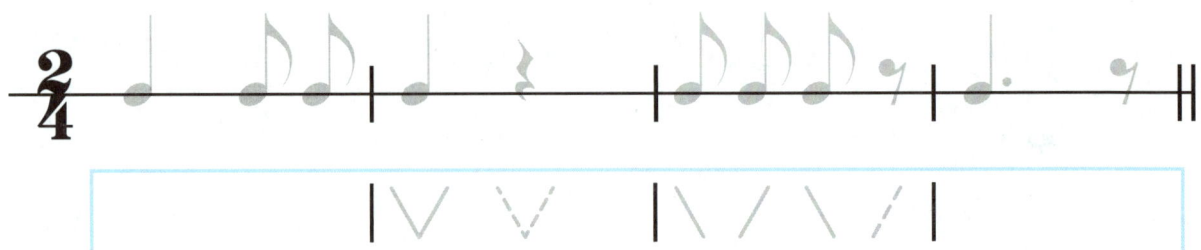 쉼표가 있는 $\frac{2}{4}$ 박자의 리듬을 따라서 그리고, ☐ 안에 리듬표를 그려 보세요.

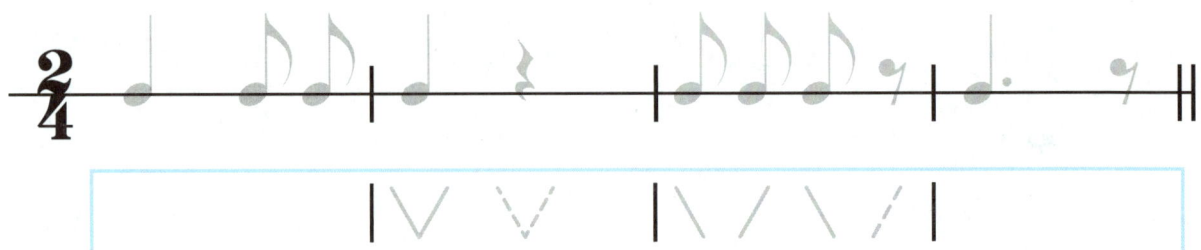

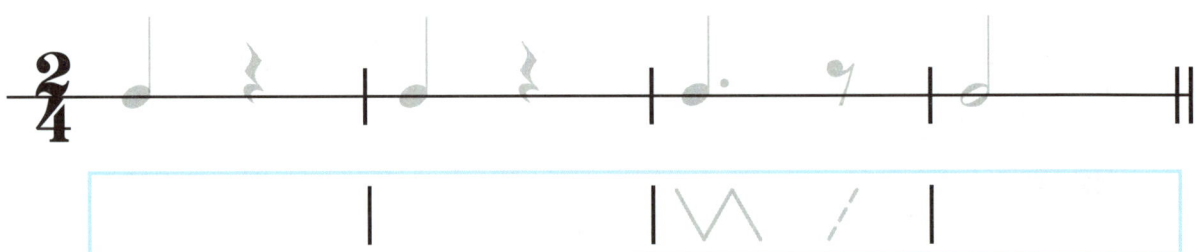

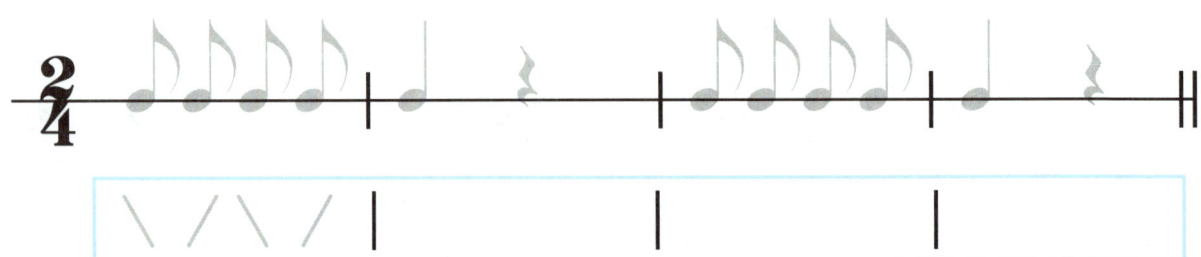

$\frac{2}{4}$ 박자의 여러 리듬에 알맞은 리듬표를 그려 보세요.

□ 안에 리듬표를 그리고, $\frac{2}{4}$ 박자에 맞게 세로줄을 그어 보세요.

쉼표가 있는 $\frac{3}{4}$ 박자 리듬

🐱 쉼표가 있는 $\frac{3}{4}$ 박자의 리듬을 따라서 그리고, ☐ 안에 리듬표를 그려 보세요.

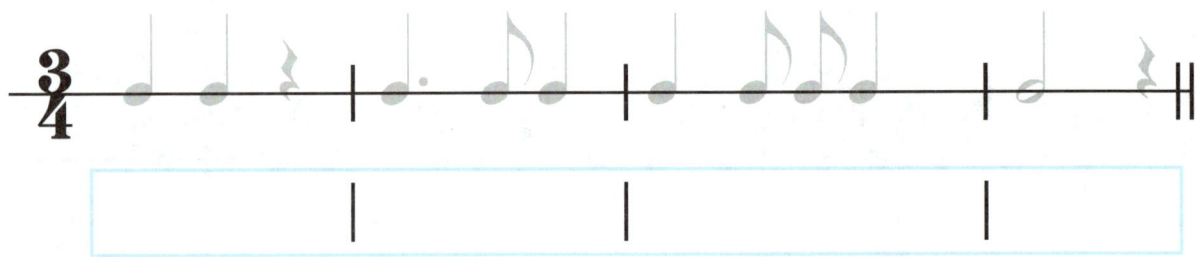

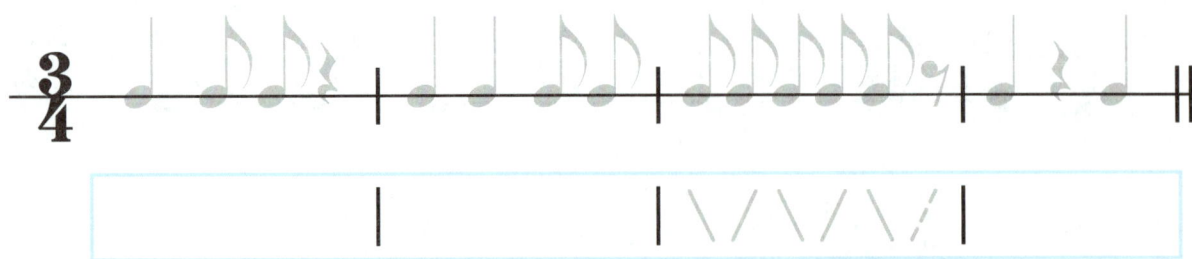

3/4 박자의 여러 리듬에 알맞은 리듬표를 그려 보세요.

□ 안에 리듬표를 그리고, **3/4** 박자에 맞게 세로줄을 그어 보세요.

쉼표가 있는 $\frac{4}{4}$ 박자 리듬

쉼표가 있는 $\frac{4}{4}$ 박자의 리듬을 따라서 그리고, ☐ 안에 리듬표를 그려 보세요.

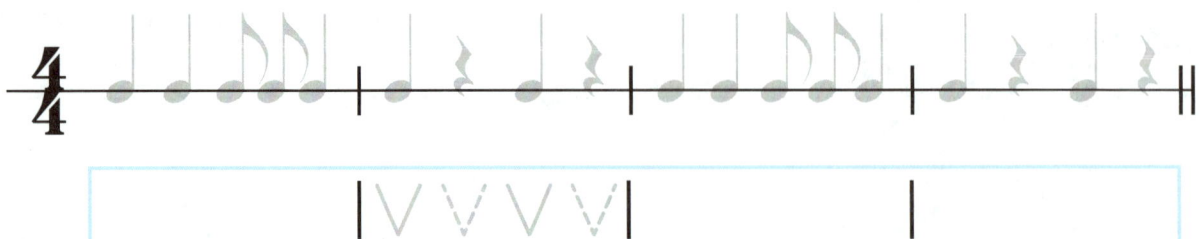

🐱 $\frac{4}{4}$박자의 여러 리듬에 알맞은 리듬표를 그려 보세요.

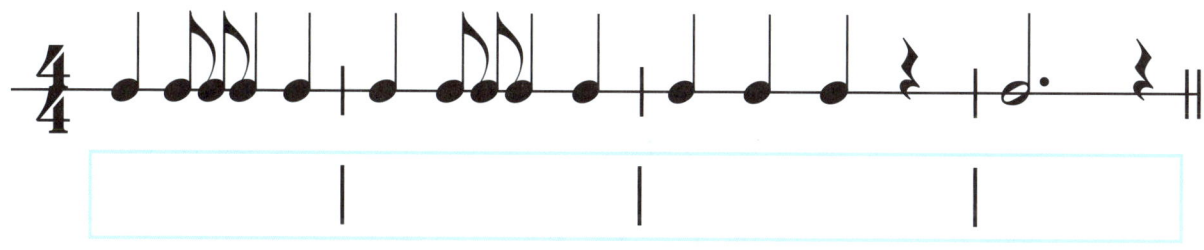

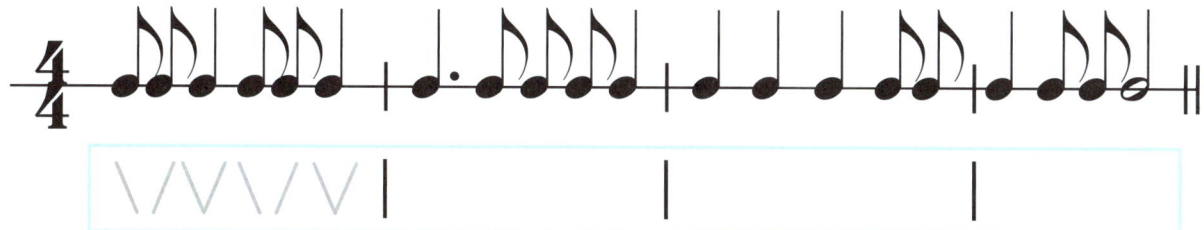

🐰 ☐ 안에 리듬표를 그리고, $\frac{4}{4}$ 박자에 맞게 세로줄을 그어 보세요.

16분음표

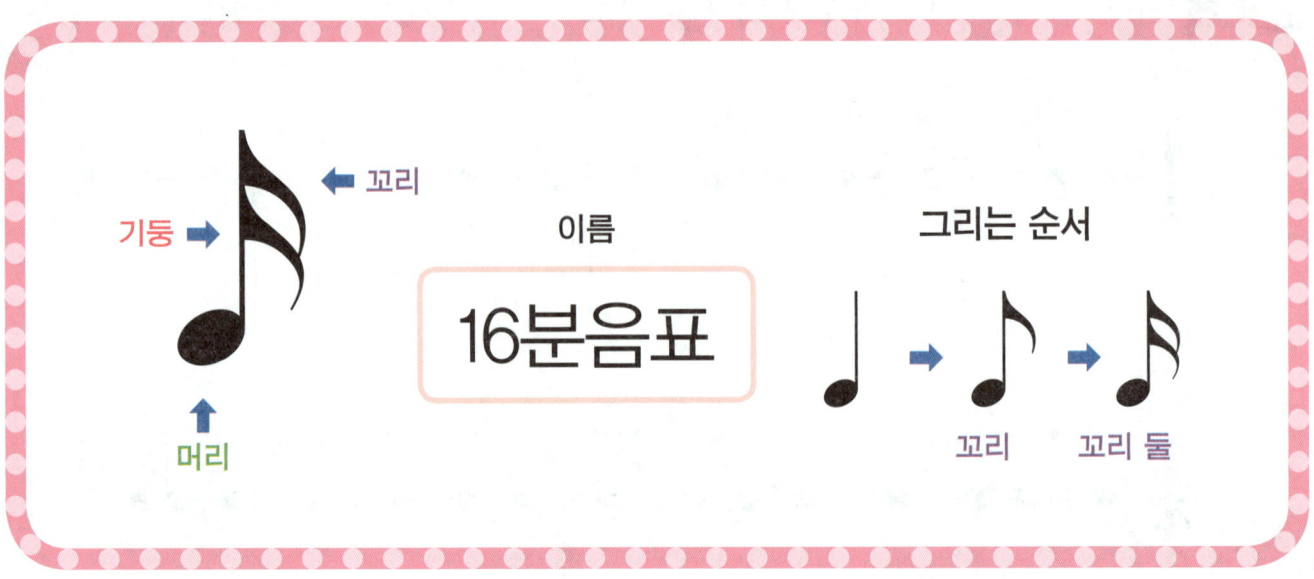

16분음표를 따라서 그려 보세요.

16분음표 이름을 따라서 써 보세요.

 16 분 음 표

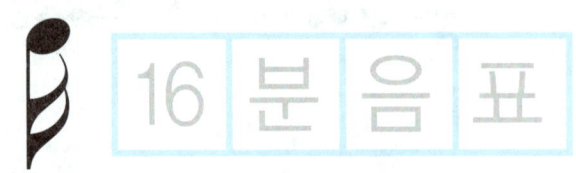 16 분 음 표

'가운데 솔' 음 자리에 16분음표를 그려 보세요.

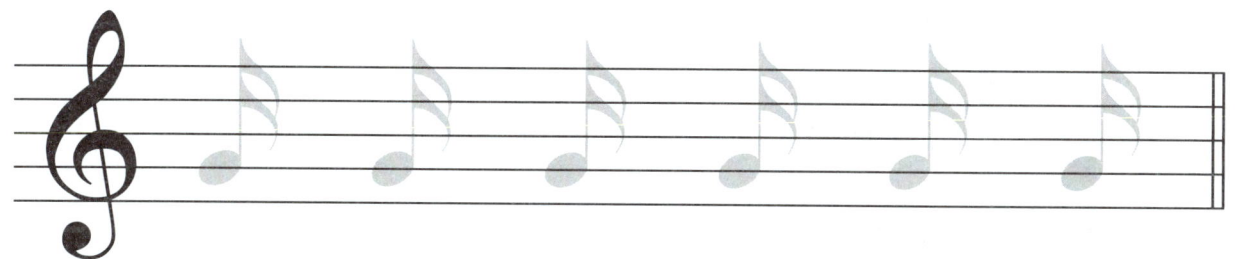

'위의 도' 음 자리에 16분음표를 그려 보세요.

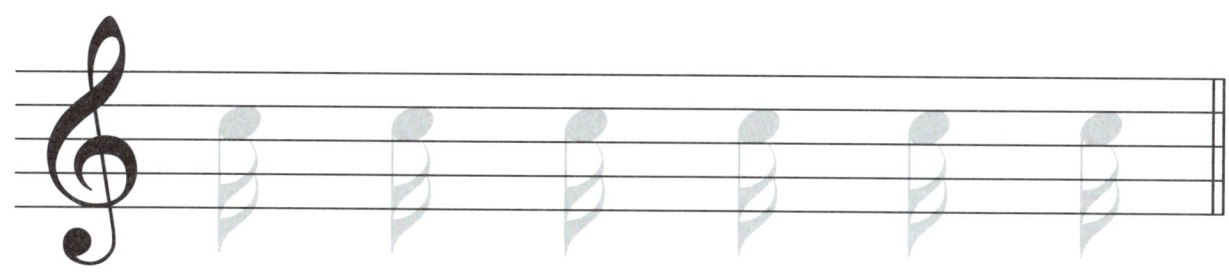

'가운데 도' 음 자리에 16분음표를 그려 보세요.

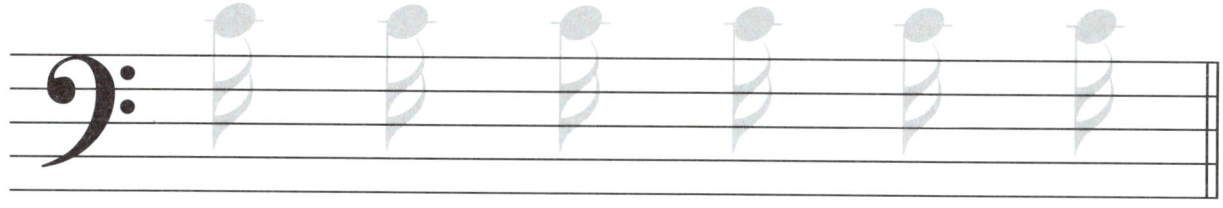

'아래 아래 솔' 음 자리에 16분음표를 그려 보세요.

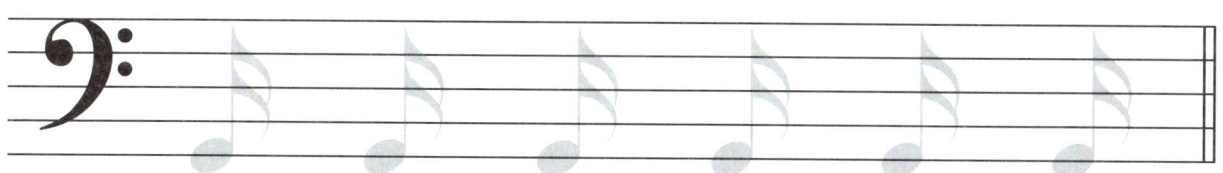

16분음표 리듬

16분음표는 반의 반 박입니다.

	이름	박 수	길이
	16분음표	반의 반 박	

반의
반 박

 ☐ 안에 알맞게 쓰고, 16분음표의 길이에 맞게 🍎 에 색칠해 보세요.

	16분음표	반의 반 박	
	음표	박	

 음표의 길이에 맞게 ◯ 에 색칠해 보세요.

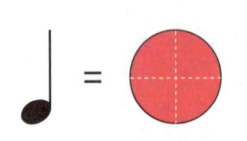

16분음표

8분음표의 리듬표는
\ 로 표시하고,
16분음표의 리듬표는
\ 로 표시합니다.

리듬표   \

리듬읽기   띠

16분음표 한 쌍

16분음표 한 쌍
♬ 은 8분음표
♪ 와 같습니다.

♪ + ♪ = ♪

리듬표   \   \

리듬읽기   띠   띠

 '띠'라고 짧게 읽으면서, 16분음표의 리듬표를 따라서 그려 보세요.

리듬표	\	\	\	\	\
리듬읽기	띠	띠	띠	띠	띠

 음 길이에 맞게 🍎 에 색칠하고, 리듬표를 그려 보세요.

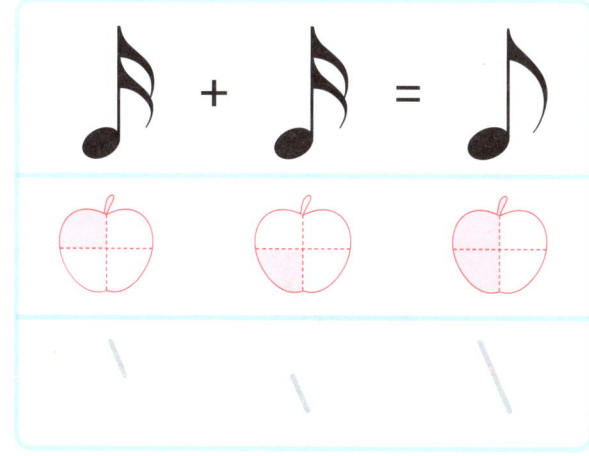

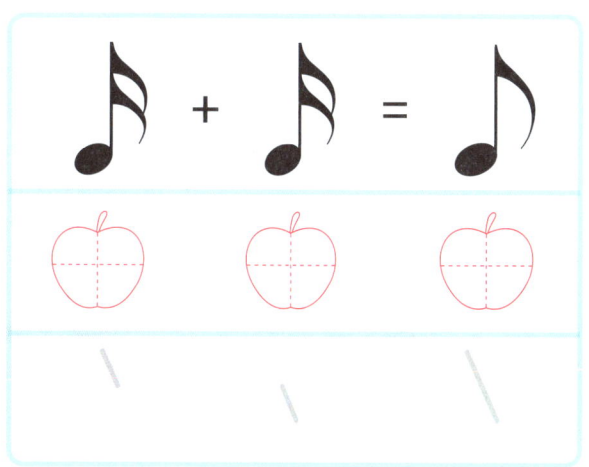

음표의 리듬

🐱 음표 아래에 리듬표를 따라서 그려 보세요.

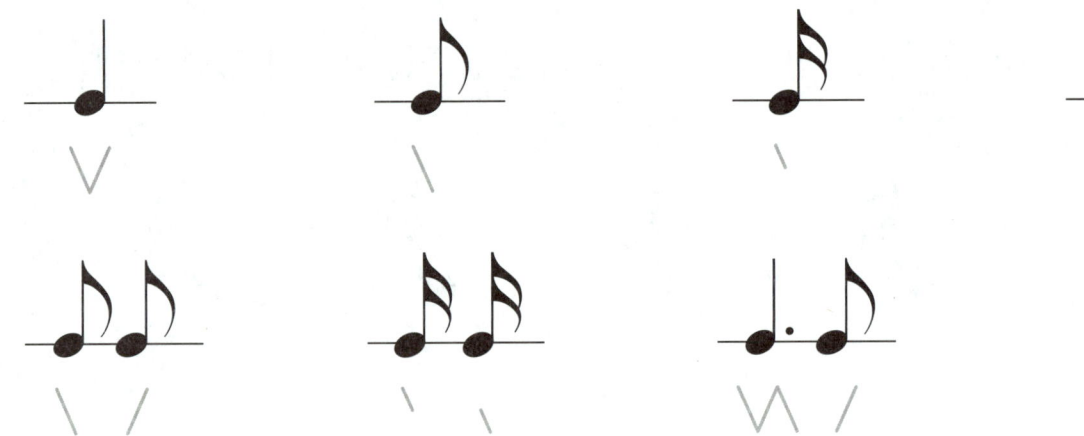

🐱 ⬜ 안에 알맞은 리듬표를 그려 보세요.

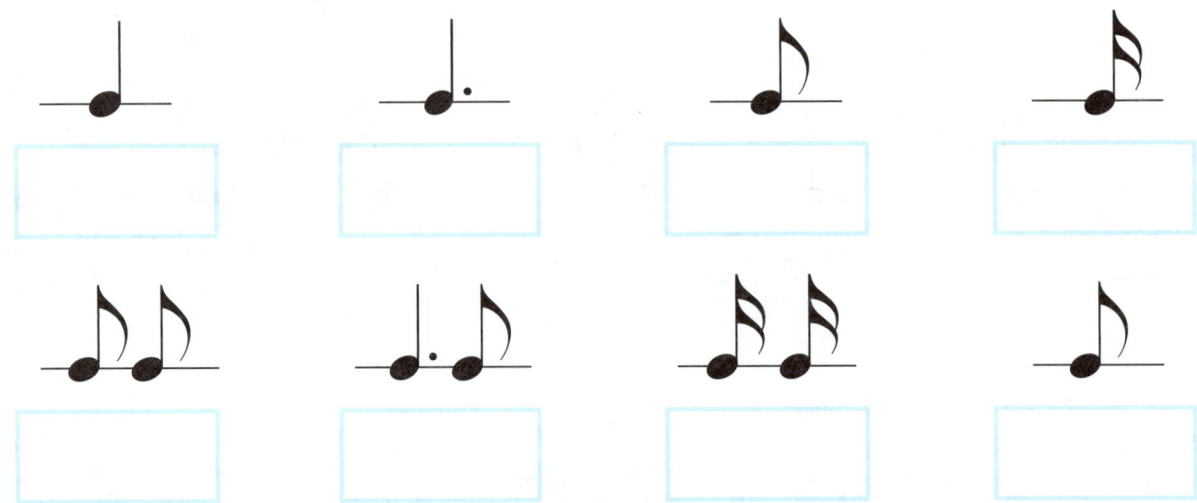

🐤 음표의 길이에 맞게 🍎 에 색칠해 보세요.

배운것 기억하기 2

 ☐ 안에 리듬표를 그리고, 박자에 맞게 세로줄을 그어 보세요.

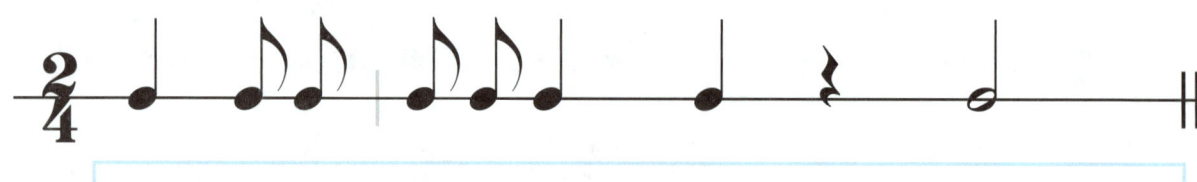

 음 길이에 맞게 🍎에 색칠하고, 리듬표를 그려 보세요.

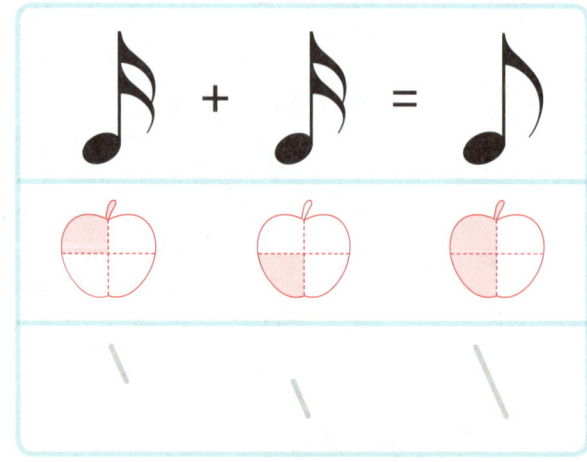

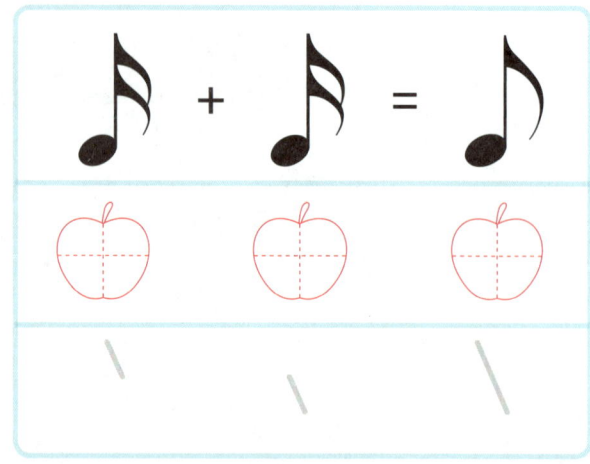

안에 알맞게 쓰고, 16분음표의 길이에 맞게 🍎 에 색칠해 보세요.

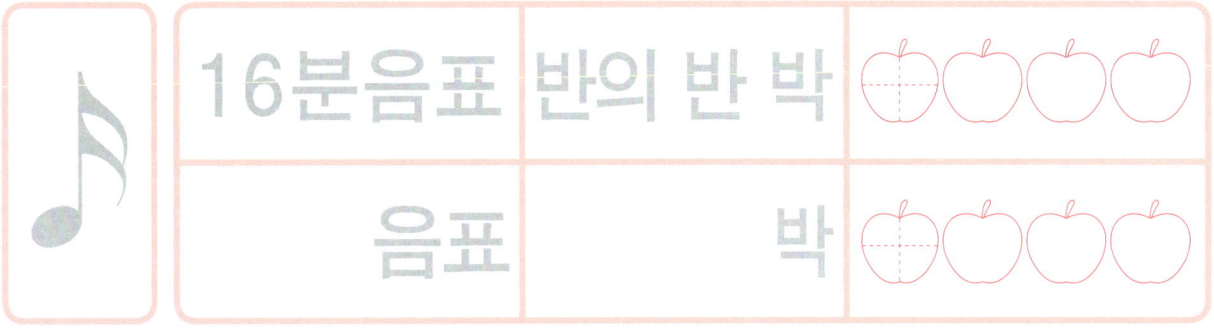

16분음표	반의 반 박	🍎🍎🍎🍎
음표	박	🍎🍎🍎🍎

'띠'라고 짧게 읽으면서, 16분음표의 리듬표를 따라서 그려 보세요.

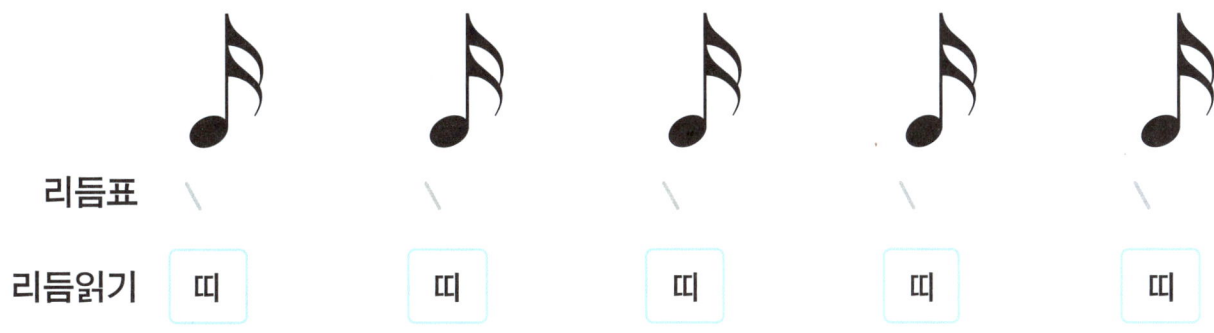

리듬표

리듬읽기 | 띠 | 띠 | 띠 | 띠 | 띠 |

음 길이에 맞게 🍎 에 색칠하고, 리듬표를 그려 보세요.

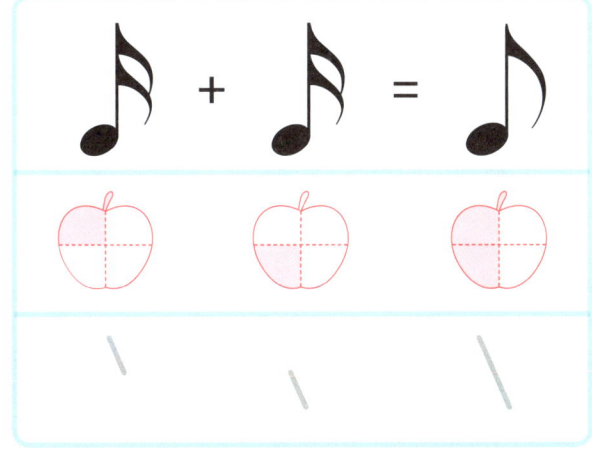 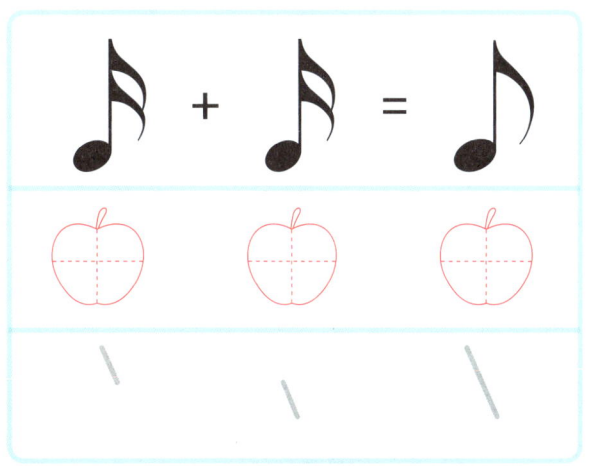

쉬어가기

○ 안에 쉼표를 따라서 그리고, 쉼표 케이크에 예쁘게 색칠해 보세요.

아래 도 ~ 가운데 도 복습

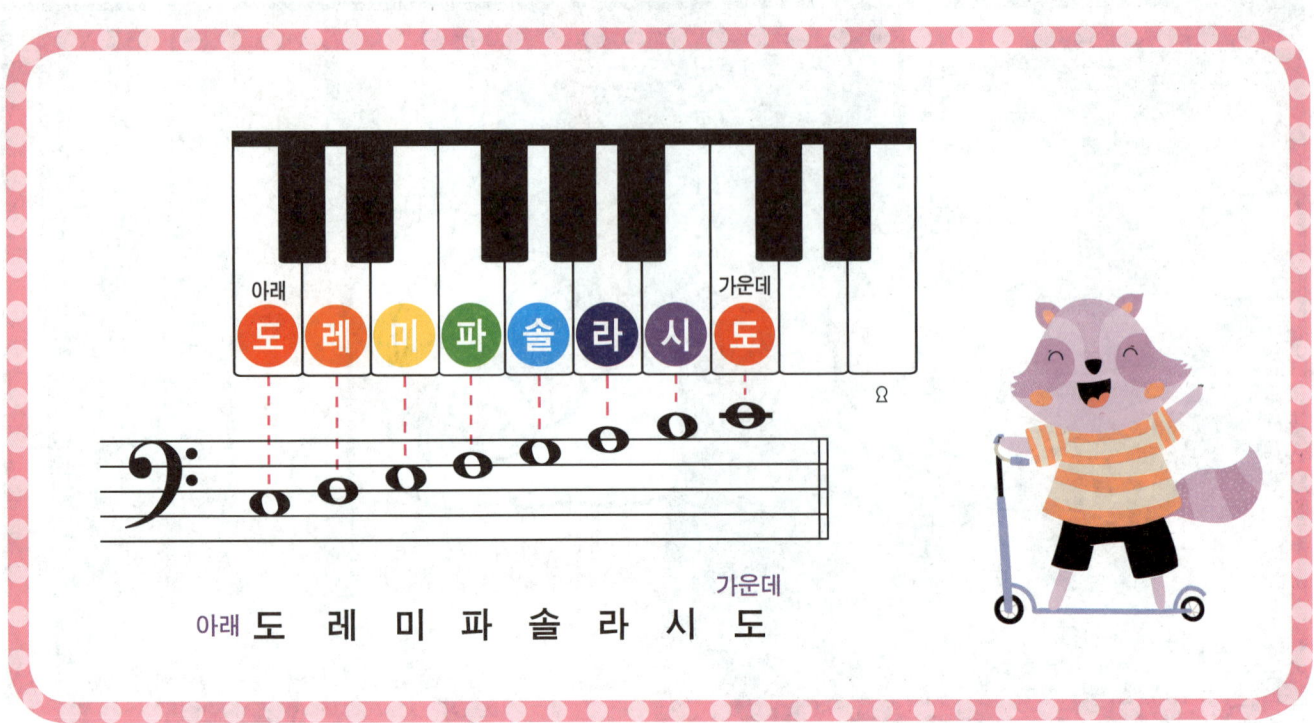

아래 **도 레 미 파 솔 라 시 도** 가운데

음을 따라서 그리고, 계이름을 써 보세요.

  안에 계이름을 쓰고, 맞는 건반과 줄로 이어 보세요.

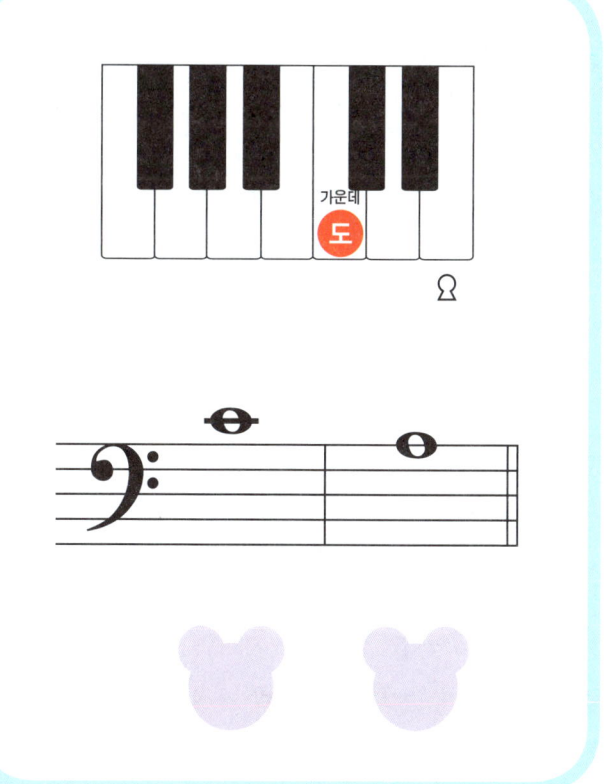

계이름을 써 보세요.

💚 안에는 계이름을, 📘 안에는 맞는 음을 8분음표로 그려 보세요.

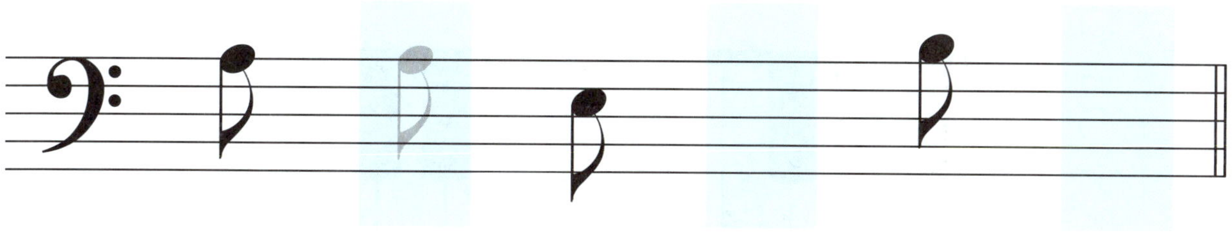

아래 💚 라 💚 미 💚 시

아래 💚 솔 💚 레 💚 도

아래 💚 파 💚 도 가운데 💚 도

아래 💚 파 💚 라 가운데 💚 도

𝄢 에서 가운데 레

'가운데 레' 음은
𝄢 위 둘째칸 입니다.

가운데 **레**

𝄢 에서 '가운데 레' 음을 따라서 그리고, 🧡 안에 '레'를 써 보세요.

가운데 **레**

다음 음에 맞는 건반을 찾아서 🖍️색으로 칠해 보세요.

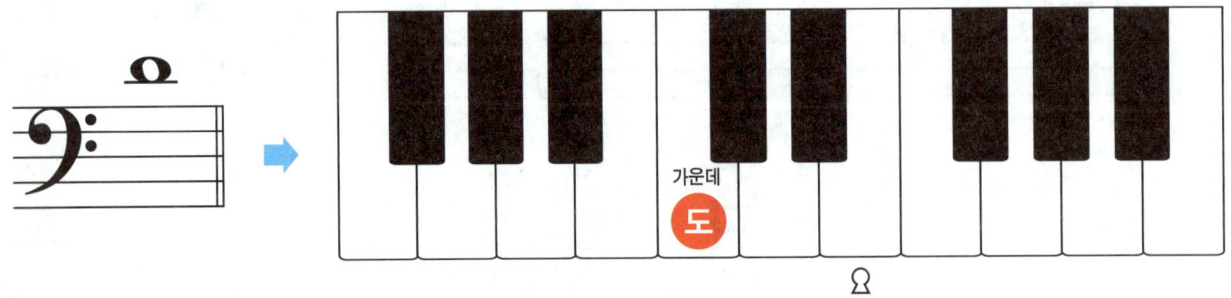

🐧 𝄢 '가운데 도'와 '가운데 레' 음을 그리고, 계이름을 써 보세요.

가운데　　도　　　　　　　　　　레

🐧 4분음표와 8분음표로 그리고, 계이름을 써 보세요.

가운데

가운데

🐥 '도'는 ◯, '레'는 ◯로 표시해 보세요.

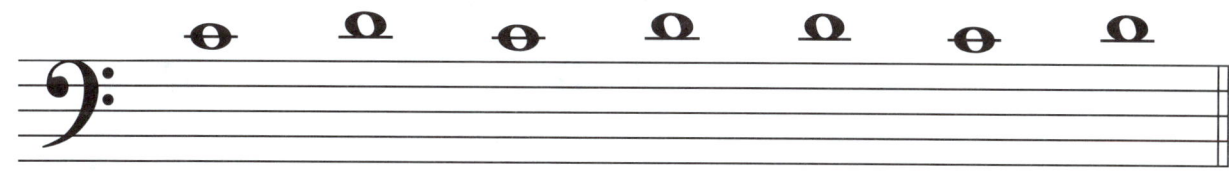

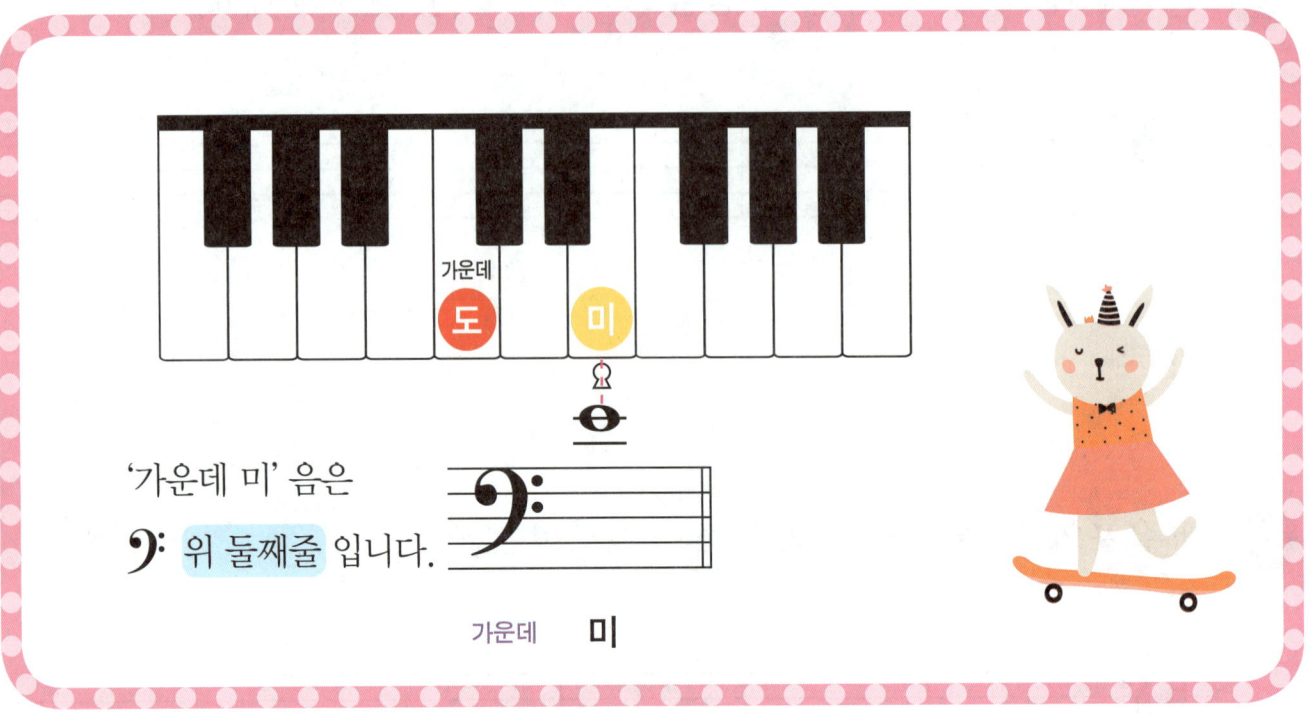

'가운데 미' 음은
𝄢 위 둘째줄 입니다.

가운데 **미**

🐱 𝄢 에서 '가운데 미' 음을 따라서 그리고, 🧡 안에 '미'를 써 보세요.

가운데 **미**

🐱 다음 음에 맞는 건반을 찾아서 색으로 칠해 보세요.

 '가운데 레'와 '가운데 미' 음을 그리고, 계이름을 써 보세요.

가운데　　레　　　　　　　　　　　　　　미

4분음표와 8분음표로 그리고, 계이름을 써 보세요.

가운데

가운데

'도'는 ⭕, '레'는 ⭕, '미'는 ⭕로 표시해 보세요.

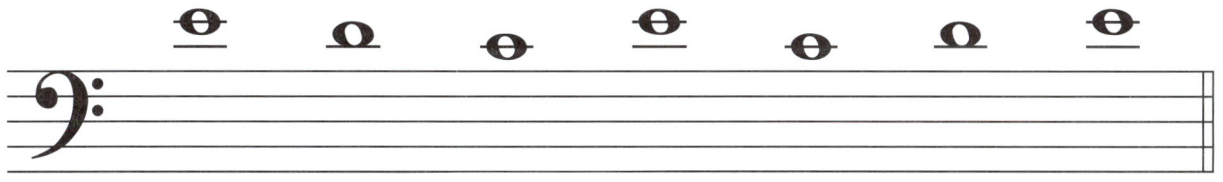

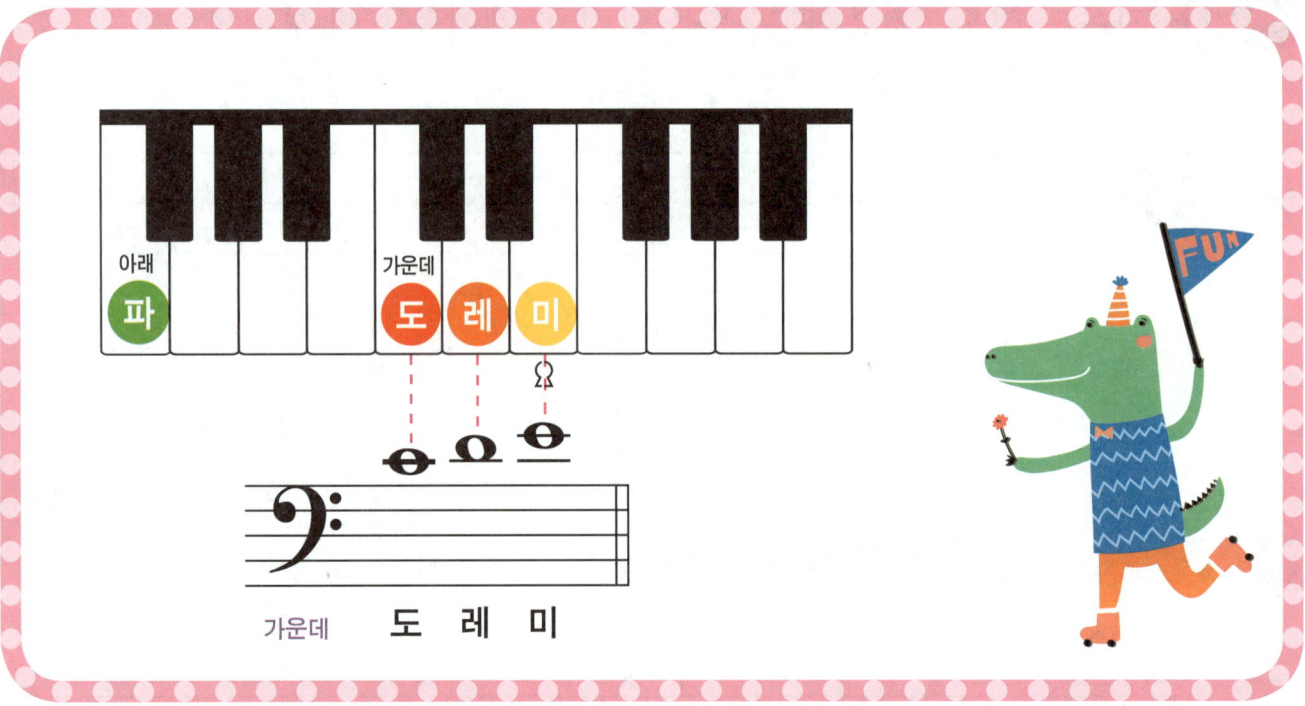

𝄢 '가운데 도, 레, 미' 음을 따라서 그리고, 계이름을 써 보세요.

가운데

'가운데 도'는 ▨색, '가운데 레'는 ▨색 '가운데 미'는 ▨색으로 칠해 보세요.

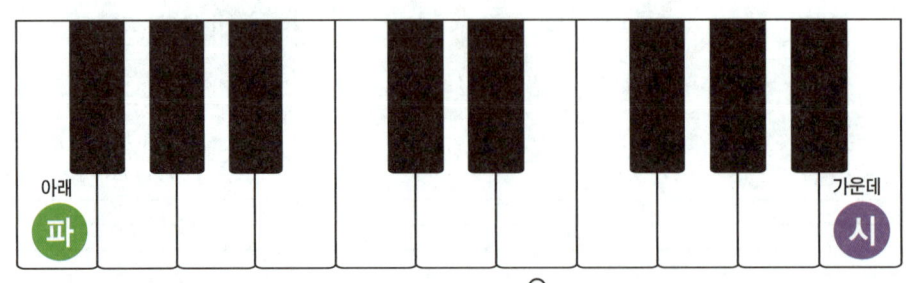

 계이름을 써 보세요.

아래 솔 ~ 가운데 미 복습

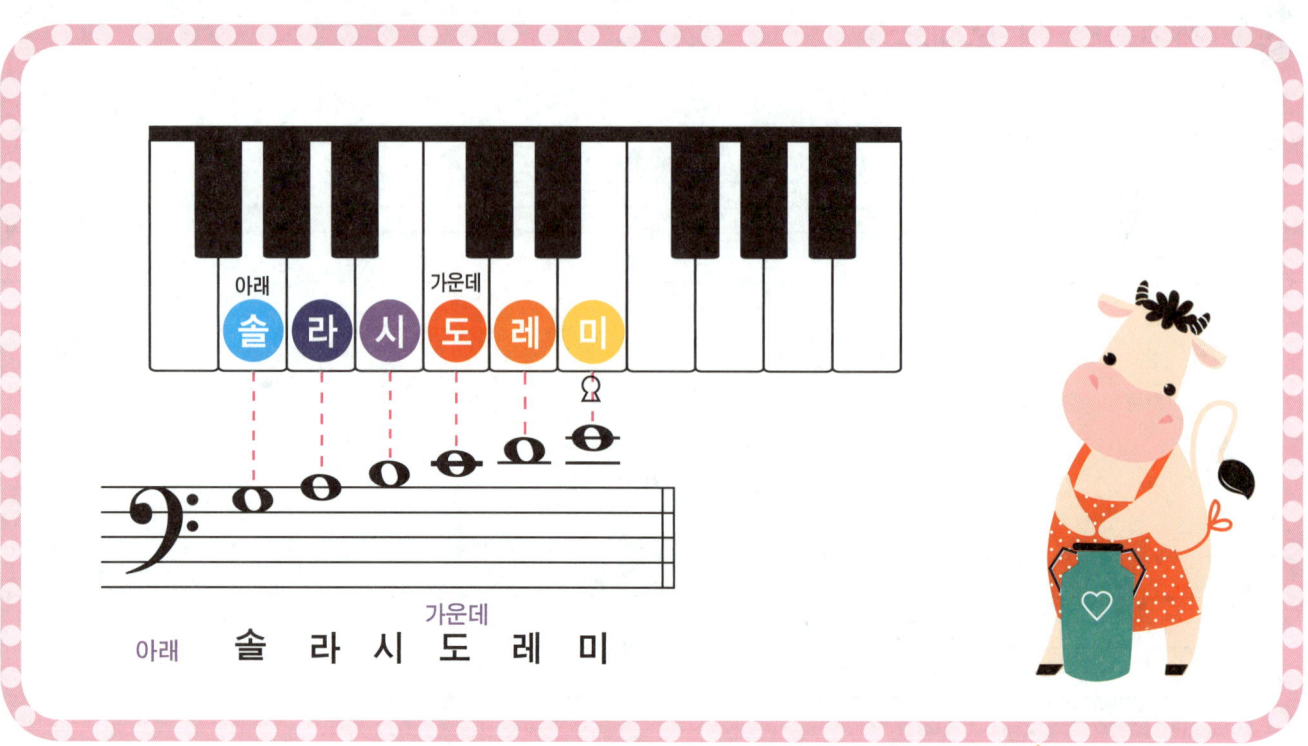

아래 솔 라 시 도 레 미 (가운데)

음을 따라서 그리고 계이름을 써 보세요.

🐧 계이름을 써 보세요.

🐰 음과 맞는 건반을 줄로 이어 보세요.

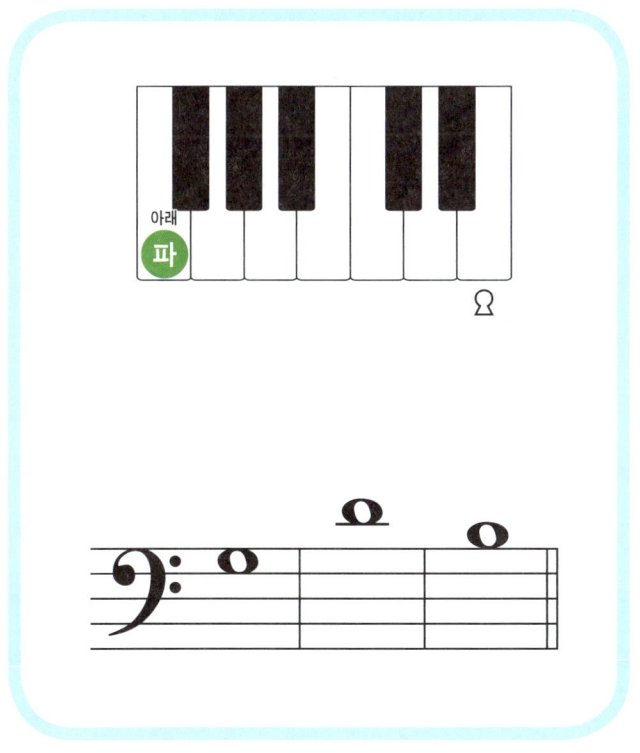

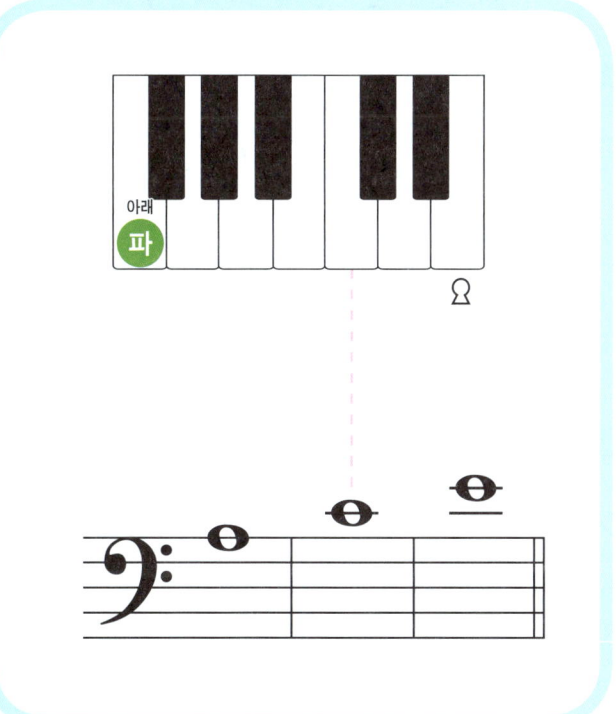

16분쉼표

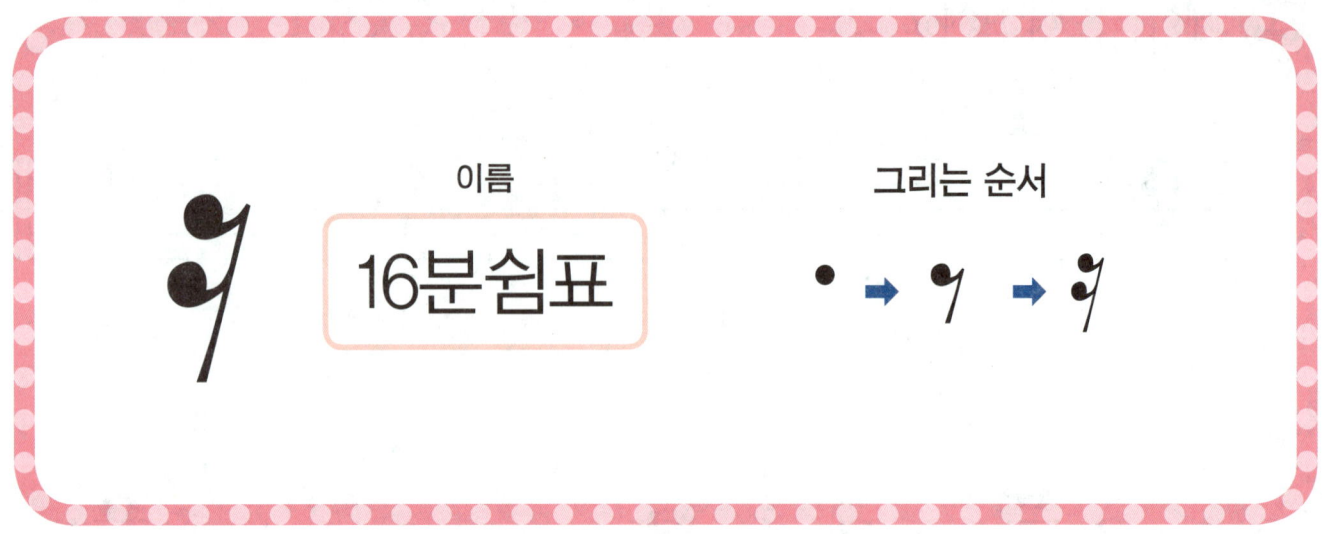

이름

16분쉼표

그리는 순서

16분쉼표를 그려 보세요.

16분쉼표 이름을 따라서 써 보세요.

16 분 쉼 표   16 분 쉼 표

오선에 16분쉼표를 그려 보세요.

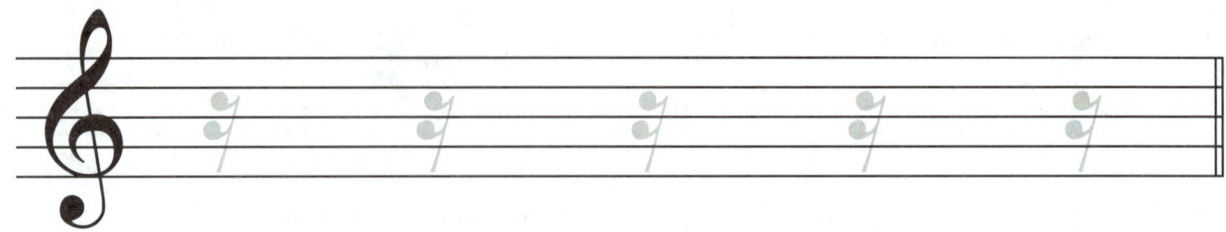

16분쉼표는 반의 반 박 쉽니다.

	이름	박 수	길이
	16분쉼표	반의 반 박 쉼	

반의
반 박

☀ ☐ 안에 알맞게 쓰고, 16분쉼표의 길이에 맞게 🍎 에 색칠해 보세요.

	16분쉼표	반의 반 박 쉼	
	쉼표	쉼	

☀ 쉼표의 길이에 맞게 ○ 에 색칠해 보세요.

63

16분쉼표의 리듬

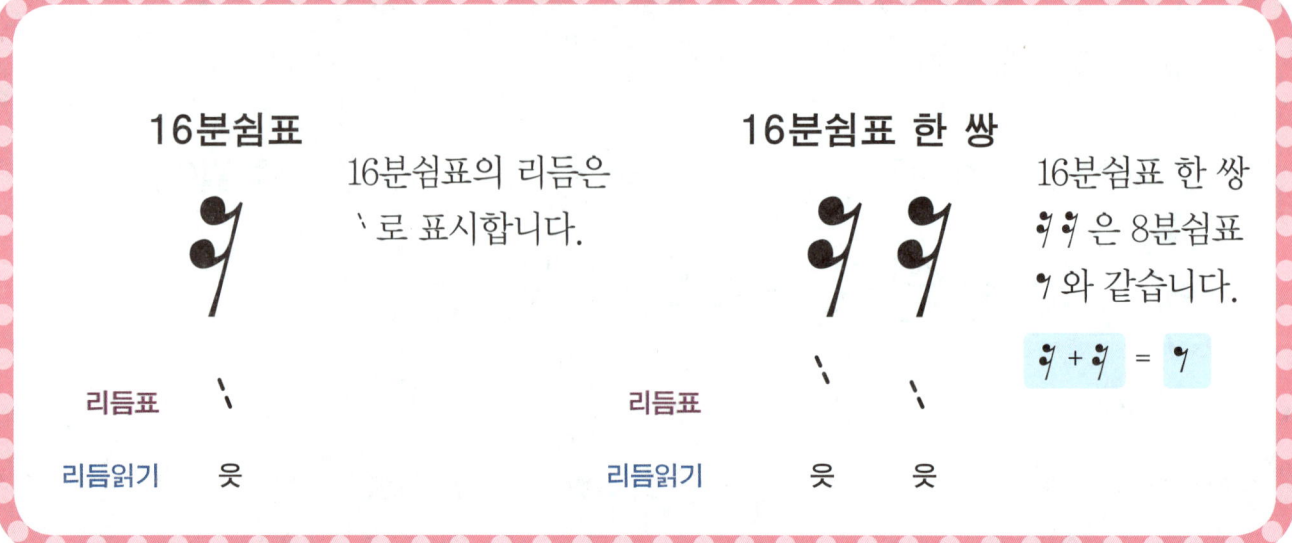

16분쉼표
16분쉼표의 리듬은 `'` 로 표시합니다.

리듬표 `'`

리듬읽기　웃

16분쉼표 한 쌍
16분쉼표 한 쌍은 8분쉼표와 같습니다.

리듬표 `'  '`

리듬읽기　웃　웃

'웃'으로 짧게 읽으면서, 16분쉼표의 리듬표를 따라서 그려 보세요.

리듬표

리듬읽기 　웃　　웃　　웃　　웃　　웃

길이에 맞게 🍎 에 색칠하고, 리듬표를 그려 보세요.

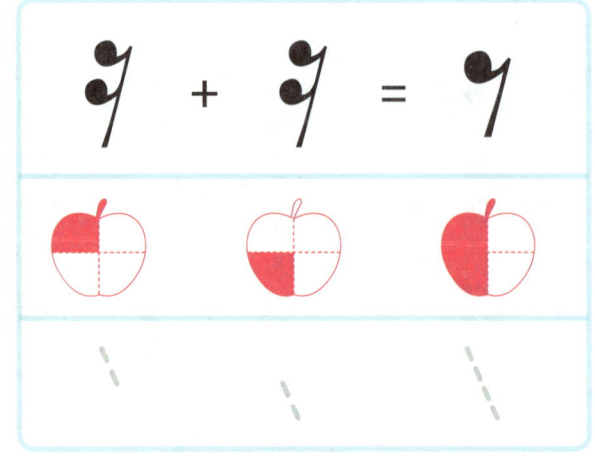

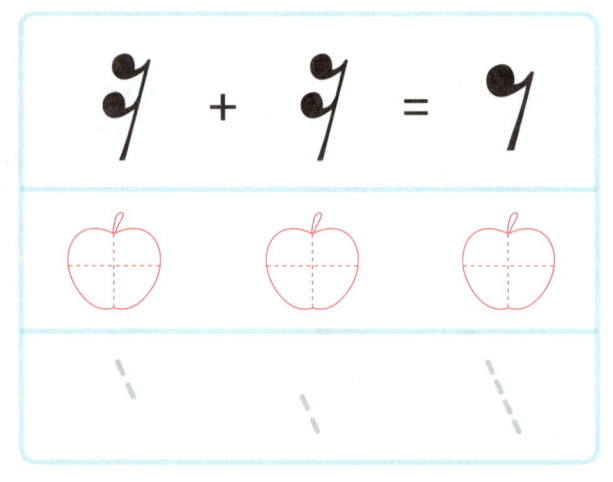

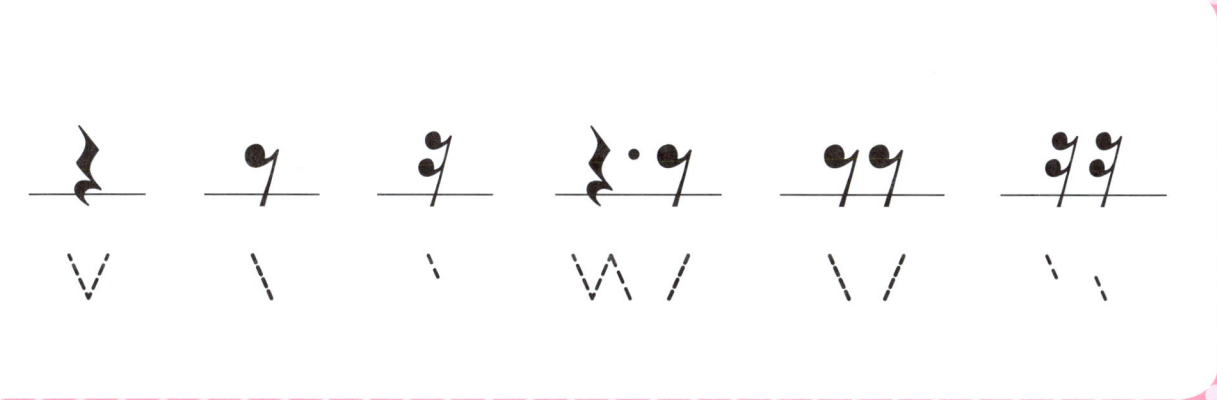

🐱 쉼표 아래에 리듬표를 따라서 그려 보세요.

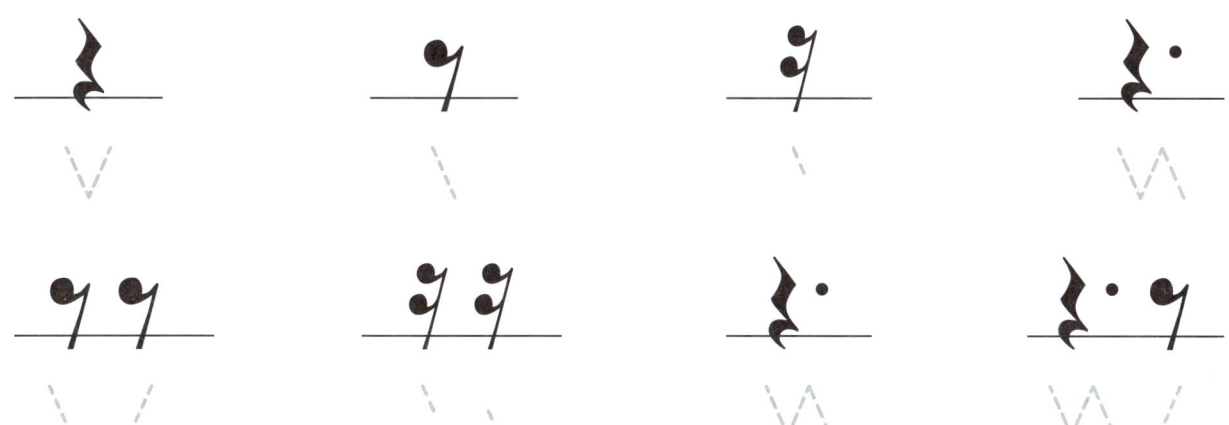

🐱 ☐ 안에 알맞은 리듬표를 그려 보세요.

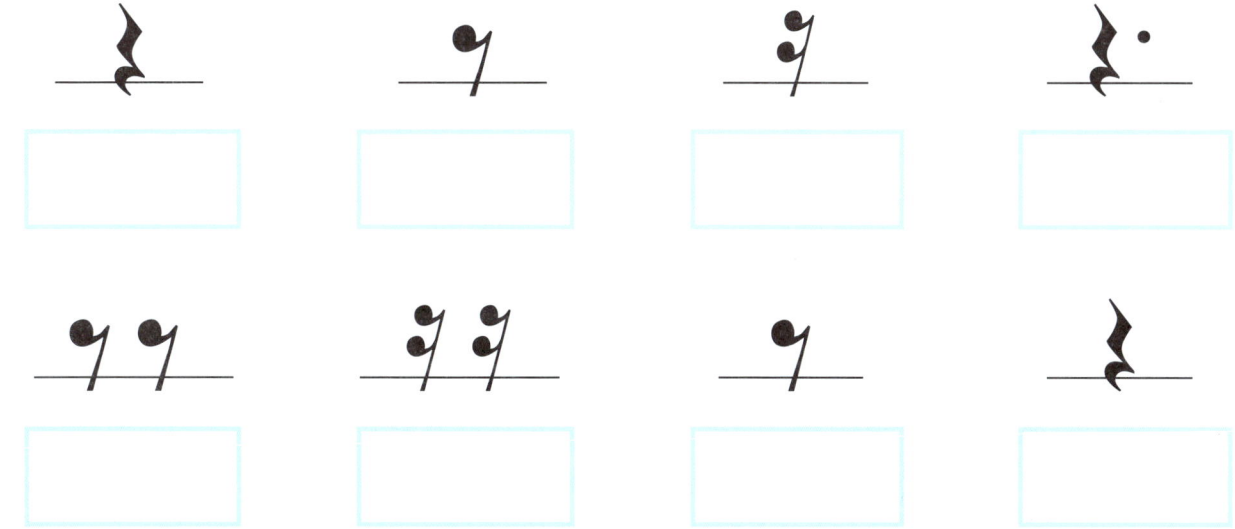

🐱 □ 안에 알맞은 리듬표를 그려 보세요.

보기

보기 를 보고 따라서 그려 보세요.

안에 음표나 쉼표를 그려 보세요.

배운것 기억하기 3

 계이름을 써 보세요.

 음과 맞는 건반을 줄로 이어 보세요.

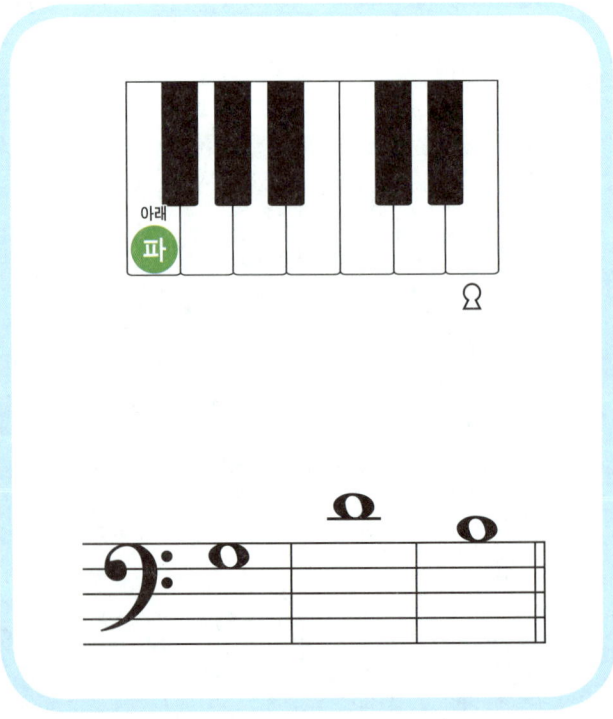

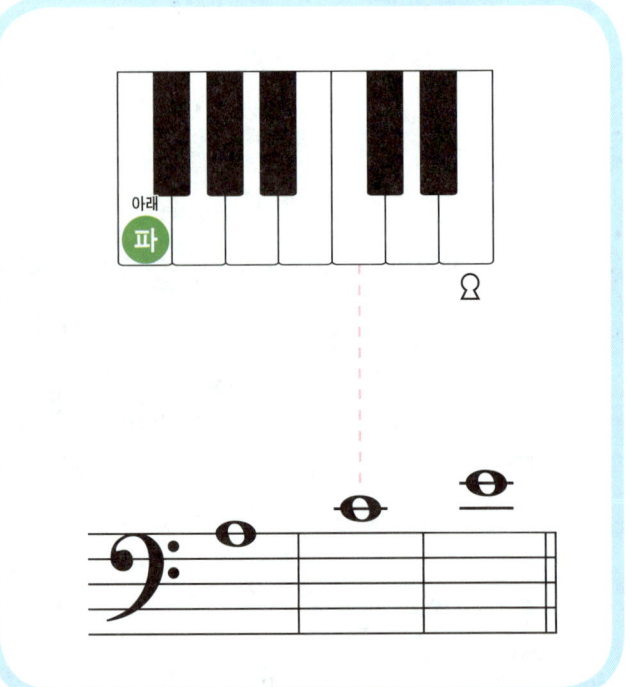

16분쉼표를 그려 보세요.

'웃'으로 짧게 읽으면서, 16분쉼표의 리듬표를 따라서 그려 보세요.

리듬표				
리듬읽기	웃	웃	웃	웃

위 첫 줄 '웃'

길이에 맞게 🍎 에 색칠하고, 리듬표를 그려 보세요.

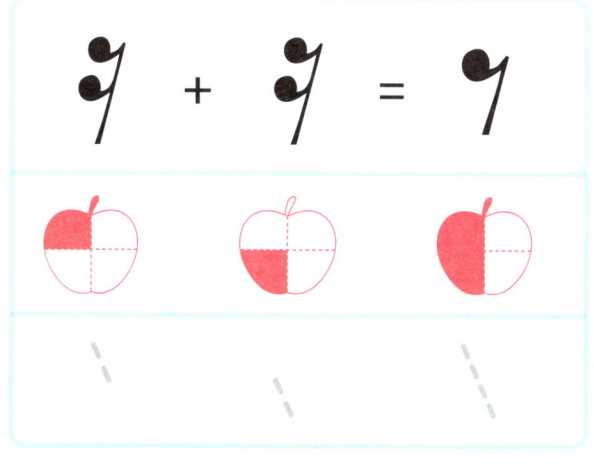
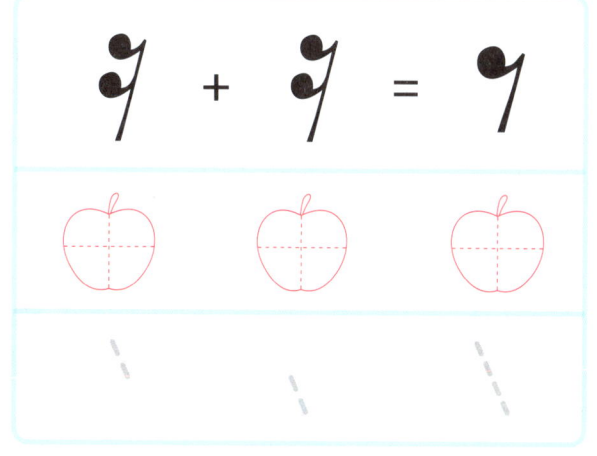

총정리 1회

 따라서 쓰면서 외워 보세요.

음표	이름	박 수	리듬표
♬	16분음표	반의 반 박	`

쉼표	이름	박 수	리듬표
𝄿	16분쉼표	반의 반 박 쉬기	`

음표와 쉼표의 길이에 맞게 🍎 에 색칠해 보세요.

♩ = 🍎	♪ = 🍎	♬ = 🍎
𝄽 = 🍎	𝄾 = 🍎	𝄿 = 🍎

박 수에 맞게 ☐ 칸 안에 리듬표를 그려 보세요.

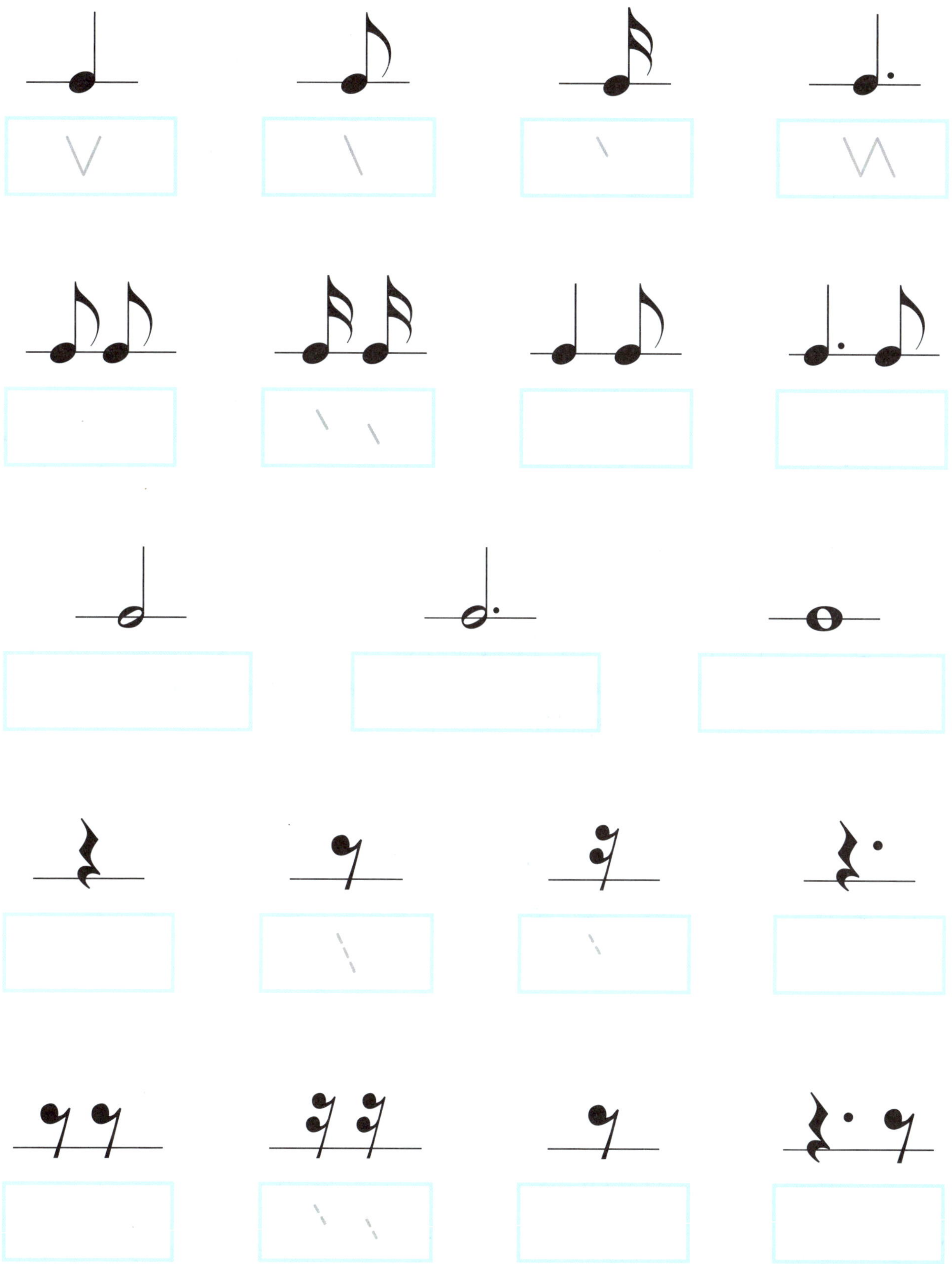

71

총정리 2회

 ☐ 안에 $\frac{4}{4}$박자의 리듬에 맞도록 리듬표를 그려 보세요.

☐ 안에 리듬표를 그리고, $\frac{4}{4}$박자에 맞게 세로줄을 그어 보세요.

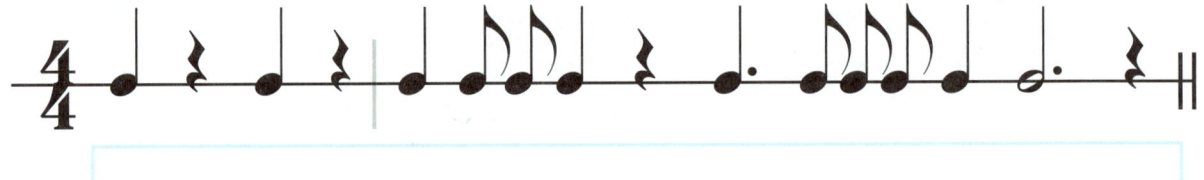

셈여림표를 따라서 그리고, 이름과 뜻을 써 보세요.

	읽기	뜻
p p p	피		여	
mp mp mp	메			조			
mf mf mf	메			조		
f f f	포		세	

둘 중 더 센 셈여림표쪽으로 ＞나 ＜로 표시해 보세요.

p ◯ mp f ◯ mf mp ◯ mf

p ◯ f mf ◯ mp mp ◯ p

여린 셈여림표부터 센 것 순서대로 써 보세요.

p → ◯ → ◯ → ◯ p → ◯ → ◯ → ◯

총정리 3회

  **EASY**

 계이름을 써 보세요.

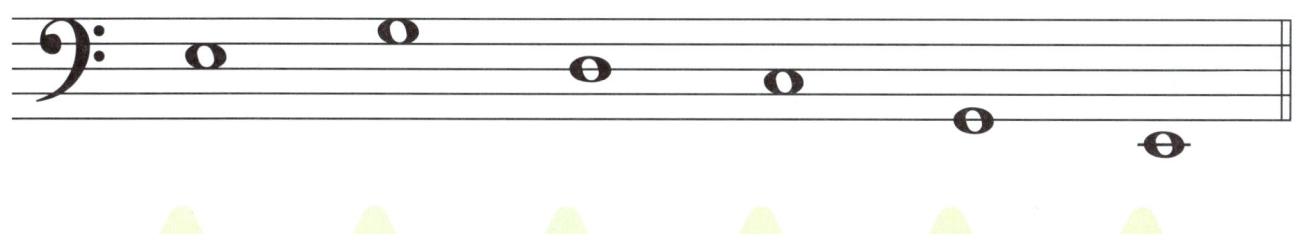

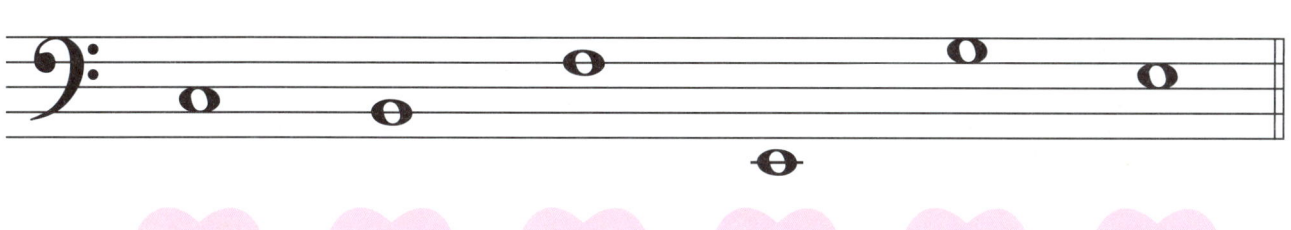

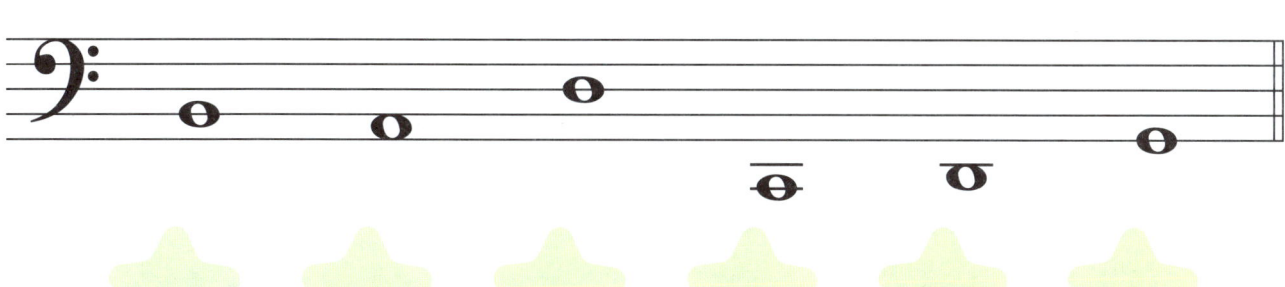

총정리 4회

 계이름을 써 보세요.

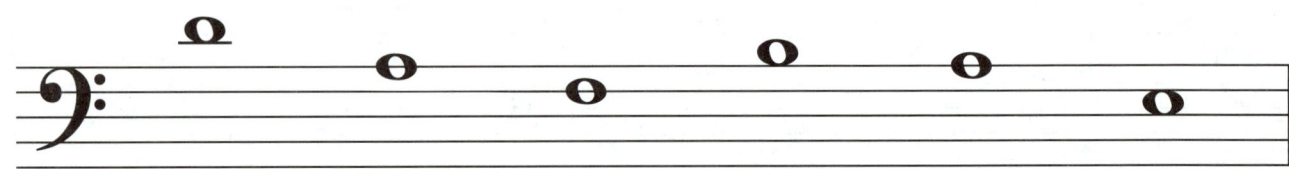

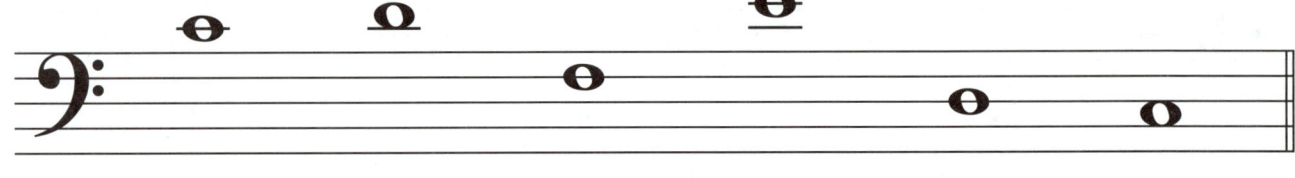

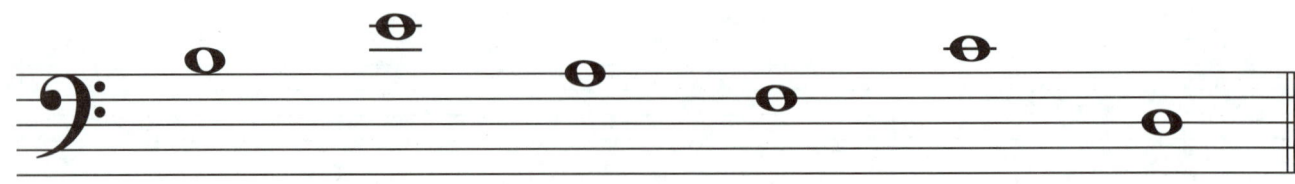

 계이름을 써 보세요.

총정리 5회

1. 다음 중 16분음표는 어느 것입니까? ·· (　　　)

① 　　② 　　③ 　　④

2. 다음 음의 계이름은 무엇입니까? ·· (　　　)

① 솔　　　　② 파

③ 미　　　　④ 레

3. 다음 중 $\frac{2}{4}$ 박자의 리듬은 어느 것입니까? ·························· (　　　)

① 　　　②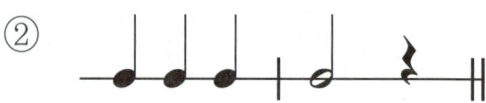

③ 　　　　　　　　　　　　④

※ 맞는 음과 건반을 줄로 이어 보세요.

4. 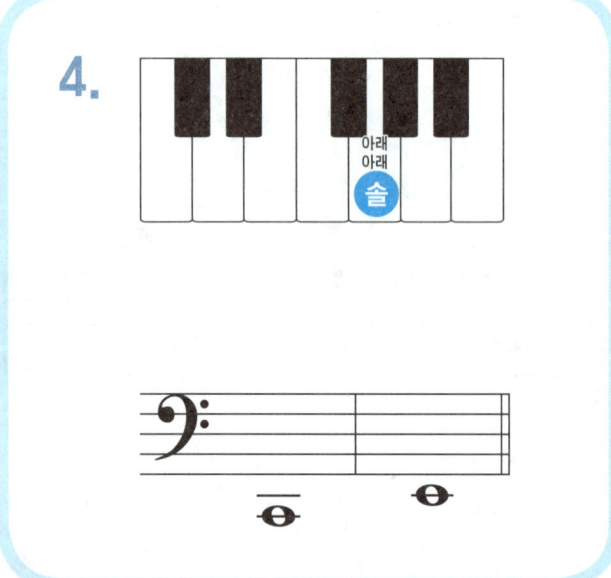　　**5.**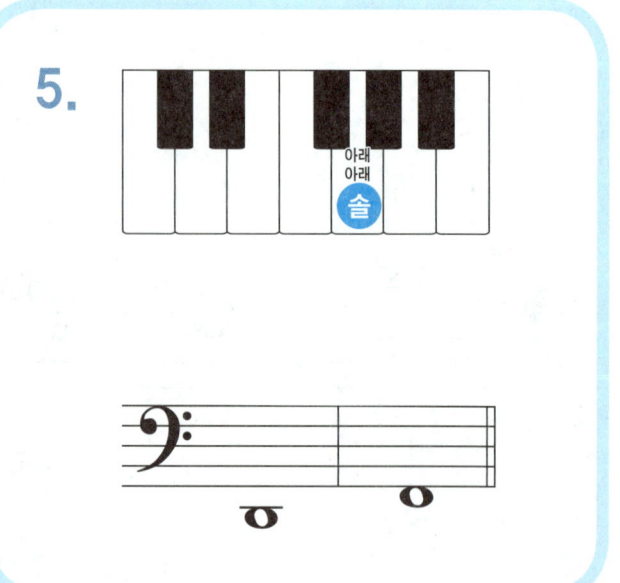

6. 다음 중 16분쉼표는 어느 것입니까? ⸺⸺⸺⸺⸺⸺⸺⸺ (   )

①   ②   ③    ④

7. 다음 음의 계이름은 무엇입니까? ⸺⸺⸺⸺⸺⸺⸺⸺⸺ (   )

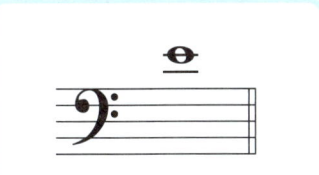

① 도   ② 레

③ 미   ④ 파

8. ☐ 안에 알맞은 음표는 어느 것입니까? ⸺⸺⸺⸺⸺ (   )

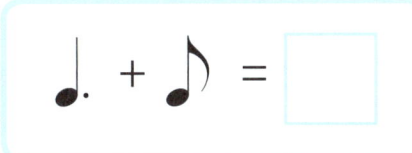

①   ②   ③ 𝅝   ④

9. 다음 쉼표에 알맞은 리듬표는 어느 것입니까? ⸺⸺⸺⸺ (   )

① V \   ② V V

③ \ /   ④ V /

10. ☐ 안에 알맞은 리듬표를 그리고, 박자표에 맞게 세로줄을 그어 보세요.

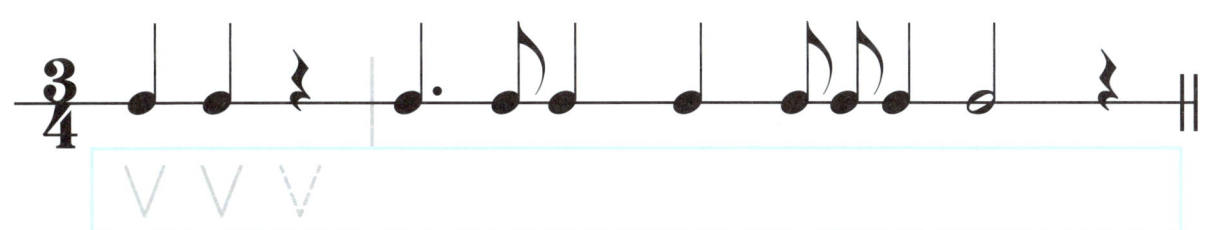

총정리 6회

1. 다음 음표의 길이에 맞는 것은 어느 것입니까? ································ (   )

   ①    ②    ③    ④

2. 다음 음에 맞는 건반 번호를 써 보세요. ·························· (   )

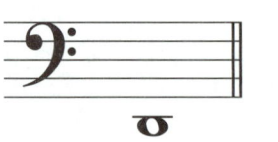  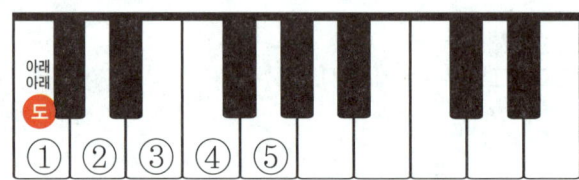

3. ☐ 안에 알맞은 리듬표는 어느 것입니까? ···················· (   )

① ＼／   ② Ｖ

③ ＼＼   ④ Ｗ

4. ☐ 안에 알맞은 쉼표는 어느 것입니까? ···················· (   )

①   ②

③   ④

5. ☐ 안에 알맞은 리듬표를 그리고, 박자표에 맞게 세로줄을 그어 보세요.

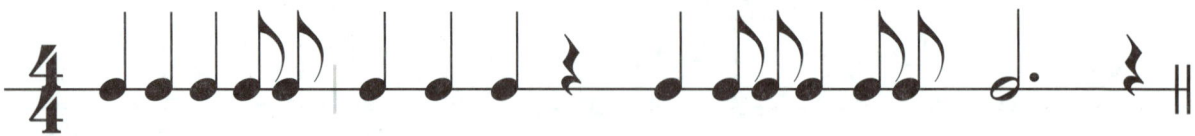

6. ◯ 안에 알맞은 셈여림표를 그려 보세요.

7. 다음 음에 맞는 건반 번호를 써 보세요. ·························· (   )

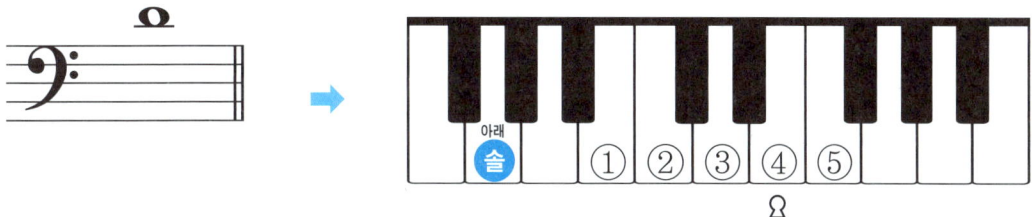

※ 맞는 것끼리 줄로 이어 보세요.

8.

　　　　　　　　　　　　　　　　　　· ㉠ 도

9.

　　　　　　　　　　　　　　　　　　· ㉡ 레

10. 💙 안에 알맞은 계이름을 써 보세요.

베스트 음악이론 7

발행일	2026년 05월 15일
발행인	남 용
편저자	일신음악연구회
발행처	일신서적출판사
주 소	서울시 마포구 독막로 31길 7
등 록	1969년 9월 12일(No. 10-70)
전 화	(02) 703-3001~5(영업부)
	(02) 703-3006~8(편집부)
FAX	(02) 703-3009

ISBN	ISBN	978-89-366-2890-1	94670
	ISBN	978-89-366-2883-3	(세트)

www.ilsinbook.com

축 하 합 니 다

수료증

이 름 _____

위 어린이는 쉬운이지 베스트 음악이론7 과정을

훌륭하게 마쳤으므로 이 수료증을 드립니다.

많이 칭찬해 주세요. 축하합니다!

이어서 쉬운이지 베스트 음악이론8을

시작하세요.

_____ 년 _____ 월 _____ 일

선생님 _____

종이접기
-당근-

1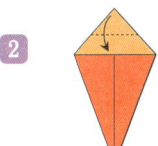
중심선에 맞추어 화살표 모양대로 접으세요. 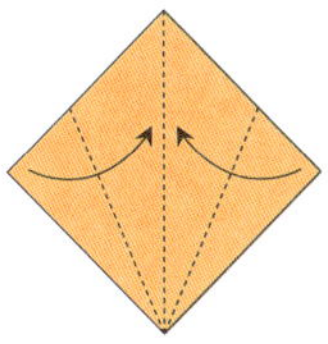

2
위의 삼각형부분을 반으로 접으세요.

3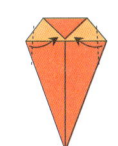
화살표 모양대로 양쪽을 조금만 접으세요.

4
뒤집으세요.

5
색종이를 삼각형 모양으로 만들어 주세요.

6
당근 완성
풀칠하여 몸체와 연결하세요.

70p

총정리 1회

따라서 쓰면서 외워 보세요.

음표	이름	박 수	리듬표
♪	16분음표	반의 반 박	\
♪	16분음표	반의 반 박	\
♪	16분음표	반의 반 박	\

쉼표	이름	박 수	리듬표
⁊	16분쉼표	반의 반 박 쉬기	\
⁊	16분쉼표	반의 반 박 쉬기	\
⁊	16분쉼표	반의 반 박 쉬기	\

음표와 쉼표의 길이에 맞게 🍎 에 색칠해 보세요.

박 수에 맞게 ☐ 칸 안에 리듬표를 그려 보세요.

72p

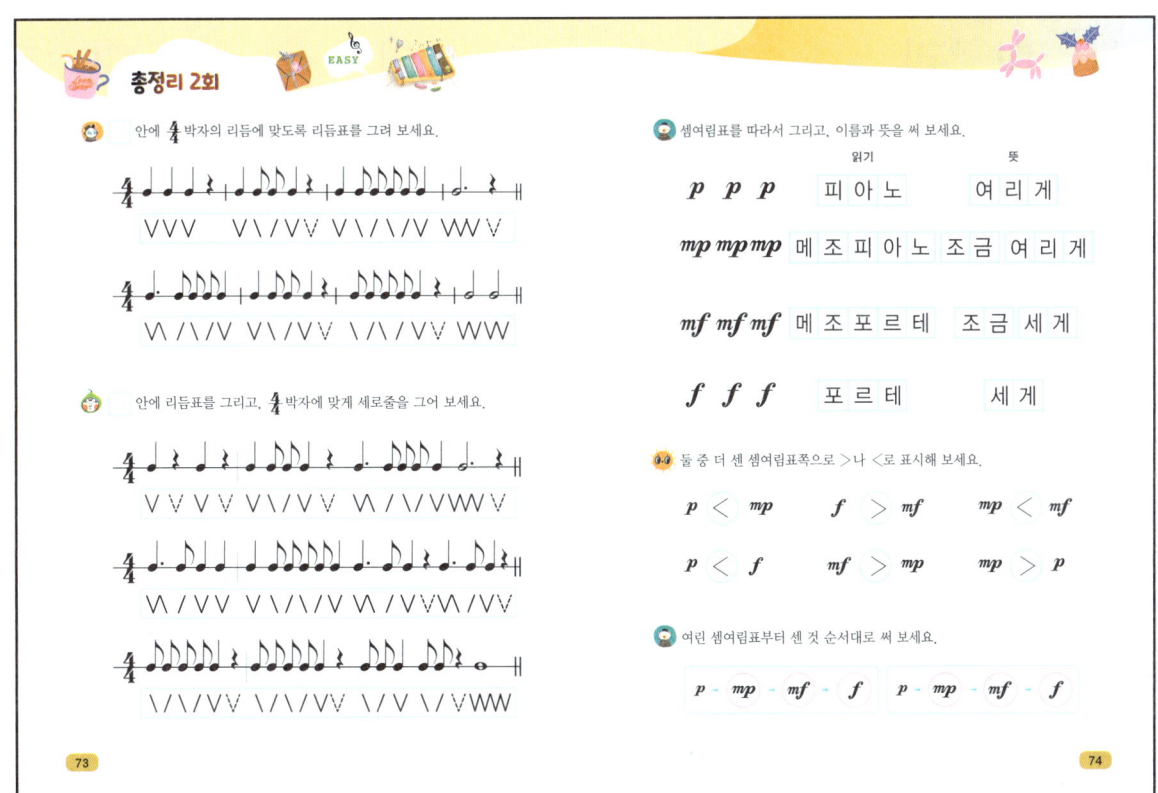

총정리 2회

☐ 안에 4/4박자의 리듬에 맞도록 리듬표를 그려 보세요.

☐ 안에 리듬표를 그리고, 4/4박자에 맞게 세로줄을 그어 보세요.

셈여림표를 따라서 그리고, 이름과 뜻을 써 보세요.

	읽기	뜻
ppp	피아노	여리게
mp mp mp	메조피아노	조금 여리게
mf mf mf	메조포르테	조금 세게
fff	포르테	세게

둘 중 더 센 셈여림표쪽으로 >나 <로 표시해 보세요.

$p < mp$　　$f > mf$　　$mp < mf$

$p < f$　　$mf > mp$　　$mp > p$

여린 셈여림표부터 센 것 순서대로 써 보세요.

$p - mp - mf - f$　　$p - mp - mf - f$

74p 제3회 평가문제

미	레	도	파	라	파	레	파	시	미	솔	도
파	레	시	라	도	레	미	솔	레	도	솔	미
솔	미	파	라	솔	도	도	시	파	미	솔	미
레	솔	파	미	파	도	시	라	레	도	레	솔

76p 제4회 평가문제

라	레	솔	시	도	미	미	솔	레	도	시	파
레	라	파	시	라	미	레	시	솔	레	미	미
도	레	파	미	레	도	미	도	솔	시	레	도
시	미	라	파	도	레	시	미	라	도	미	레

제5회 평가문제(78페이지)

1. ② 2. ③ 3. ① 4. [그림] 5. [그림] 6. ④ 7. ③ 8. ① 9. ④

10. [악보]

제6회 평가문제(80페이지)

1. ④ 2. ② 3. ③ 4. ① 5. [악보] 6. ① *mp* ② *mf* 7. ③

8. ㉠ 9. ㉡ 10. 미, 도, 레, 파, 솔, 라